_____ 님의 소중한 미래를 위해
이 책을 드립니다.

존 스튜어트 밀의 자유론

자유는 어떻게 지켜지고 어떨 때 제한되는가

존 스튜어트 밀의 자유론

존 스튜어트 밀 지음 | 정영훈 엮음 | 최기원 옮김

메이트북스

메이트북스 우리는 책이 독자를 위한 것임을 잊지 않는다.
우리는 독자의 꿈을 사랑하고,
그 꿈이 실현될 수 있는 도구를 세상에 내놓는다.

존 스튜어트 밀의 자유론

초판 1쇄 발행 2025년 6월 25일 | 초판 2쇄 발행 2025년 9월 5일
지은이 존 스튜어트 밀 | 엮은이 정영훈 | 옮긴이 최기원
펴낸곳 (주)원앤원콘텐츠그룹 | 펴낸이 강현규·정영훈
등록번호 제301-2006-001호 | 등록일자 2013년 5월 24일
주소 04607 서울시 중구 다산로 139 랜더스빌딩 5층 | 전화 (02)2234-7117
팩스 (02)2234-1086 | 홈페이지 matebooks.co.kr | 이메일 khg0109@hanmail.net
값 9,900원 | ISBN 979-11-6002-947-5 03100

잘못 만들어진 책은 구입하신 서점에서 교환해 드립니다.
이 책을 무단 복사·복제·전재하는 것은 저작권법에 저촉됩니다.

『자유론』은 단순한 철학서가 아니라,
현대 민주주의의 윤리적 뼈대를 만든 책이다.
- 이사야 벌린(Isaiah Berlin), 영국 철학자 -

나는 『자유론』을 읽고 깊은 감명을 받았다.
그 책은 나의 사상 형성에 지대한 영향을 끼쳤다.
- 마하트마 간디(Mahatma Gandhi), 인도 정치지도자 -

나는 밀의 『자유론』을 청년 시절에 읽고,
개인의 책임과 자유의 균형이란 것이 무엇인지 배웠다.
- 존 F. 케네디(John F. Kennedy), 미국 35대 대통령 -

엮은이의 말

고전의 난해함을 넘어,
읽히는 『자유론』을 만들다

지금, 『자유론』을 다시 꺼내 읽어야 하는 이유

"자유는 왜 항상 논쟁의 중심에 서는가?"
"지금 우리가 누리는 자유는 진짜 '자기 자신의 삶'일까?"

이 질문들은 단지 철학적인 호기심이 아닙니다. 이는 오늘을 살아가는 우리가 실존적으로 마주하는 현실적인 문제입니다. 그리고 이 질문에 가장 예리하면서도 인간적인 답을 던진 이가 바로 존 스튜어트 밀입니다.

『자유론』은 19세기 산업혁명의 소용돌이 속에서 탄생했습니다. 물질적 풍요와 기술 발전이라는 눈부신 진보의 그늘에서,

밀은 '개인의 고유함이 사라지는 것'에 대한 깊은 불안을 감지했습니다.

그는 우리 사회를 움직이는 진짜 '힘'이 단지 정부나 법률 같은 외형적 권력만은 아니라고 보았습니다. 오히려 사람들의 무의식적 동조와 여론의 압력, 도덕 감정의 획일화야말로 개인의 삶을 침묵시키는 본질적 원인이라고 보았습니다.

『자유론』은 단순히 '자유는 중요하다'는 선언이 아닙니다. 오히려, 우리가 너무 익숙해져 인식하지 못했던 통념과 가치 판단 속에서 자유가 어떻게 침해되고 내부에서부터 무너지는지를 분석한 보고서입니다.

"타인에게 해를 끼치지 않는 한, 우리는 자유롭다." 존 스튜어트 밀이 던진 이 간명한 원칙은 단순한 규범을 넘어 수많은 사유의 출발점이 됩니다. '피해를 주지 않는 한, 각자는 자신의 삶을 주도적으로 선택할 권리가 있다'는 이 명제 속에는 도덕, 정치, 사회학, 심리학을 아우르는 통합적 시각이 담겨 있습니다.

그는 '다수의 폭정'이라는 개념을 통해 민주주의조차 쉽게 여론이라는 이름 아래 폭력의 도구가 될 수 있음을 경고했습니다. 우리가 무심코 믿는 '사회적 상식'이 다른 삶의 방식을 얼마나 쉽게 억압할 수 있는지를 통찰했습니다.

그리고 밀의 이러한 사유는 오늘날 21세기를 살아가는 우리에게도 여전히 유효합니다. 그는 다수의 여론과 사회의 도덕 감정이 개인의 자유를 어떻게 억압하는지를 예리하게 추적했습니다. 그러므로 우리는 다시, 『자유론』을 읽어야 합니다. 지금 시대에 더욱 절실한 『자유론』은 혐오, 여론 재단, 사회적 낙인 등 오늘의 문제들과 직결됩니다.

오늘날 우리가 사는 시대는 겉으로 보기에 표현의 자유가 더 넓어진 것처럼 보입니다. 누구나 글을 쓰고, 영상을 만들고, 목소리를 낼 수 있는 시대이니까요. 하지만 그 이면에는 보이지 않는 침묵의 압력과 혐오의 낙인, 정치적 올바름이라는 새로운 경계선들이 존재하며, 우리는 그 안에서 끊임없이 시달리고 있습니다. 우리는 여론이라는 이름의 무형 권력 속에서 '혐오의 시대'를 살아가고 있습니다.

침묵이 살아남는 길이 되고, 다르게 사는 것은 곧 '이상한 것'이 되며, 소수자의 표현은 허용되되 '대중에게 불편한 건 금지된다'는 아이러니한 풍경 속에서, 『자유론』은 우리에게 되묻습니다. "지금 당신이 누리는 자유는, 진짜 당신의 것인가?"

『자유론』을 읽고 싶어도 읽기 어려웠던 독자들을 위하여

하지만 『자유론』은 접근 자체가 쉽지 않습니다. 원문은 고어체의 긴 문장들로 구성되어 있고, 너무나 긴 한 문단에 중간제목 없이 핵심 개념들이 추상적으로 펼쳐집니다. 그렇다 보니 현대 독자가 책을 끝까지 읽어내기란 결코 쉽지 않습니다.

그래서 질문했습니다. "이 위대한 고전을, 오늘날의 독자들이 '진짜로' 읽을 수 있도록 만들 수는 없을까?" "형식은 바꾸되, 원전의 본질은 훼손하지 않는 방식은 없을까?"

고전은 어렵고, 그래서 점점 대중과 멀어졌습니다. 이제는 누구에게나 잘 읽히도록 고쳐야 합니다. 이 편역서의 목표는 '지금 우리가 사는 시대에 읽히는 『자유론』'입니다. 이 책을 엮으며 가장 중점을 둔 것은, 밀의 위대한 사유를 훼손하지 않으면서도 현대의 독자가 끝까지 읽어낼 수 있도록 하는 것이었습니다. 그러한 목표 아래, 이 편역본이 시도한 네 가지 편집적 재구성은 다음과 같습니다.

첫째, '읽는 경험'을 중심에 둔 편집 설계입니다. 원문의 2장을 두 개의 장으로 분리해 논리의 미로에 헤매지 않게 했으며,

각 장의 제목을 수정했고, 아예 없던 중간제목을 하나하나 새롭게 달아 밀의 논지를 현대적인 언어로 재구성함으로써 독자의 사유 방향을 명확히 제시하고자 했습니다.

우선, 이번 편역에서는 원문의 2장을 '2장 우리가 틀렸을 가능성은 정말 없는가?'와 '3장 틀린 의견이라도 왜 여전히 필요한가?'로 나누었습니다. 이는 단순한 편의상의 분할이 아니라, 밀의 사유 구조를 현대 독자가 더 분명하고 자연스럽게 따라갈 수 있도록 돕기 위한 장치입니다. 원문의 2장은 가장 철학적으로 치밀한 장이지만, 논증의 흐름이 지나치게 복잡하게 얽혀 있어 많은 독자들이 그 안에서 길을 잃기 일쑤였습니다. 이러한 분할은 논리의 흐름을 보다 선명하게 이해할 수 있도록 안내하는 중요한 기획적 결정이라 할 수 있습니다.

또한 원문의 장 제목을 현대적으로 새롭게 수정했습니다. 원서의 장 제목은 막연하고 추상적인 명제였지만, 이 편역서에서는 이를 현대인의 질문 형식으로 바꿨습니다(예: '개인에 대한 사회 권위의 한계에 관하여' → '사회는 개인의 자유에 어디까지 개입할 수 있나?'). 이는 단순한 제목 수정이 아니라, 고전적 사유를 현대 독자의 눈높이로 재구성한 작업입니다.

그리고 원문에는 전혀 없던 중간제목을 일일이 새로 달아 독자가 흐름을 따라가고 사유를 정리할 수 있도록 했습니다. 밀의 글은 논리적으로 치밀하지만, 중간제목이 없어 논지의 방향을 쉽게 놓치기 쉬운 단점이 있었습니다. 그래서 이 편역서에서는 논리의 전환점마다 중간제목을 적절히 배치해, 독자가 철학적 흐름을 계단처럼 따라갈 수 있도록 했습니다.

둘째, 지나치게 긴 단락과 문장을 분해하고 가독성 높은 현대적 리듬으로 조율함으로써 철학적 흐름의 이해도를 높이고자 했습니다. 원문의 문장 구조는 대체로 너무 길고, 하나의 문장 안에 복잡한 논리가 겹쳐져 있었습니다. 이번 편역에서는 이러한 긴 문장을 명확히 구분하고, 단락을 나누는 방식으로 문장의 리듬을 재조정했습니다.

셋째, 표현과 어휘를 시대에 맞게 조율했고, 일부 내용은 의도적으로 번역하지 않았습니다.
우선, 가능한 한 원문의 표현을 해치지 않으면서도 현대 독자들이 직관적으로 이해할 수 있도록 단어 선택, 문장 구성, 번역의 뉘앙스를 신중히 다듬었습니다. '19세기의 철학을 21세기의 언어로 번역한다'는 태도로 작업하며, 원전의 깊이와 현대 감각을 동시에 살리고자 했습니다.

한편 이번 편역에서는 원문의 사상과 논지를 충실히 살리되, 오늘날 독자들이 보다 명료하게 이해할 수 있도록 일부 내용을 정리하고 다듬는 작업을 함께했습니다. 특히 현실과의 괴리가 크거나, 오히려 주장의 흐름을 흐리게 만드는 부분은 과감히 덜어냄으로써, 밀 사상의 본질이 더욱 또렷하게 드러나도록 했습니다. 이는 단순한 요약이나 생략이 아니라, 고전을 현대의 감각으로 재맥락화하려는 해석적 편집의 일환입니다.

넷째, 각 장의 시작 부분에 '철학적 요점 정리'와 '현실 적용 컨텍스트'를 간결하게 제시해 독서의 길잡이 역할을 하도록 했습니다. 독자가 본문을 읽기 전에 그 장의 주제와 핵심을 미리 파악하고, 나아가 현대 사회와의 연결 지점까지 조망할 수 있도록 돕는 장치입니다. 이를 통해 각 장의 내용이 오늘날의 문제의식과 어떻게 맞닿아 있는지를 자연스럽게 환기하고, 본문에 대한 몰입과 이해를 높이고자 했습니다.

이 해설은 단순한 설명이나 요약이 아니라, 밀의 사유를 '오늘의 언어'로 되살리는 장치입니다. 왜 밀은 그 주제를 다루었는지, 오늘날 우리의 현실과는 어떤 접점이 있는지, 그리고 독자는 무엇을 중심에 두고 읽어 나가야 하는지를 짚어줍니다. 이러한 안내를 통해 현대의 독자는 전체 맥락을 보다 쉽게 파악하고, 본문을 깊이 있게 읽어갈 수 있을 것입니다.

이 책을 읽게 된 당신에게

이 책은 지금을 살아가는 우리가 어떻게 '나답게 살아갈 수 있을까'를 스스로 질문하게 만드는 철학적 도구입니다. 『자유론』을 통해 한 인간의 고유한 목소리가 왜 소중한지를 다시 묻는 시간이 되길 바랍니다.

우리는 모두 다르지만, 똑같아지기를 강요받는 시대에 살고 있습니다. 하지 않아도 될 말을 해야 하고, 하고 싶은 말을 삼켜야 할 때가 많습니다. 이런 시대일수록, 한 사람의 '다름'을 존중하며 살아갈 용기가 더욱 중요해집니다.

자유는 결국 선언하거나 소리치는 것이 아니라, 살아내는 것입니다. 그 첫걸음이 바로 이 책에서 시작되기를 바랍니다.

엮은이 정영훈

차례

엮은이의 말 고전의 난해함을 넘어, 읽히는 『자유론』을 만들다   6

1장 ─────── 왜 우리는 '자유'를 논해야 하는가?

다수의 횡포를 막는 일, 그것이 자유의 출발점이다   23
관습과 도덕적 판단이 언제나 옳은 것은 아니다   26
타인에게 해를 끼칠 때만 개인의 자유가 제한될 수 있다   31
'자유의 고유한 영역'은 누구도 침범할 수 없다   38
사상의 자유, 표현의 자유는 모든 자유의 출발점이다   42

2장 ─── 우리가 틀렸을 가능성은 정말 없는가?

사유와 표현의 자유는 왜 지금도 위협받고 있는가?	47
비록 소수 의견일지라도 왜 침묵시켜서는 안 되는가?	50
틀린 의견이라고 왜 우리는 그렇게 쉽게 확신하는가?	52
검증과 반론을 견디고 나서야 진리는 살아남는다	56
그저 자기 확신만으로 의심을 금지해선 안 된다	61
토론 없는 진리는 죽은 진리일 뿐이다	63
끊임없는 의심과 검증을 거쳐야 진리는 빛을 발한다	67
소크라테스가 남긴 가장 '불편한 유산'	70
법률의 억압보다 더 무서운 '사회적 낙인'의 폭력성	73
표현을 억누르는 사회, 왜 위험한가?	76
사고를 억압하는 분위기는 사회를 병들게 한다	78
편견과 관습에 매달려 있는 한 진보는 불가능하다	81

3장 ─── 틀린 의견이라도 왜 여전히 필요한가?

반대 의견은 진리를 위해 반드시 필요하다   87
상대방 주장을 경청하는 데서 진정한 이해가 시작된다   92
모두에게 논의의 장이 열려 있어야 한다   95
자유로운 논의가 사라지면 진리는 결국 죽는다   97
반복이 아닌 반론을 통해 신념은 살아 숨 쉰다   102
의견 충돌이 만드는 균형이 곧 진리의 완성이다   108
표현의 자유가 필수적인 네 가지 이유   115
자유로운 의견 표현과 공정한 토론의 경계   117

4장 — 인간의 개성이야말로 왜 자유의 본질이 되는가?

표현의 자유는 실천의 자유로 이어져야 한다   125
한 사람의 개성은 그 자체로 고유한 가치를 지닌다   129
관습대로만 사는 삶에는 '나만의 선택'이 없다   131
인간을 인간답게 만드는 핵심은, 이성만이 아니라 욕망과 충동이다   137
개인적 충동과 선호가 점점 결핍되어가고 있다   140
서로 다른 삶을 살아갈 자유가 보장되어야 한다   144
소수의 천재성이 자유롭게 발휘되어야 한다   147
여론이 '다름'을 억압하면 문명은 위험한 방향으로 흘러간다   151
삶이 획일화되면 진정한 행복은 멀어진다   156
개성 없는 인간이 이상적인 인간으로 추앙받는 사회   159
관습이 아닌 자유야말로 진정한 개선을 이끈다   163
모두를 똑같이 만들려는 세상의 흐름에 저항하라   168

5장 — 사회는 개인의 자유에 어디까지 개입할 수 있나?

개인과 사회의 경계는 어디까지인가?	177
타인을 위한 이타적 노력은 줄어들 필요가 없다	180
개인의 자기결정권과 사회의 간섭 문제	182
타인에게 해를 끼치지 않았다면, 불이익을 줘서는 안 된다	186
타인을 보호하고자 마련된 규칙을 어기면 응징해야 한다	189
자유가 공동체를 해치는 불씨로 번지지 않도록 해야 한다	192
단지 술에 취했다는 이유만으로 그를 벌할 수는 없다	195
도덕이라는 이름으로 통제해 자유를 침해해선 안 된다	201
누군가의 불쾌함이 자유를 제한할 이유가 될 수 없다	205
잘못되었다고 여기는 것은 뭐든 법으로 금지하려 드는 사회	210
개인의 자유로운 선택에 법이 개입해서는 안 된다	217
타인의 입을 막는 행위는 결코 정당화될 수 없다	223

6장 ── 자유의 원칙은 현실에서 어디까지 허용되는가?

자유의 원칙, 삶 속에서 시험대에 오르다	229
경쟁은 자유로워야 하되, 규제는 어디까지 가능한가?	231
'개인만의 문제'처럼 보여도 때로는 간섭이 정당화될 수 있다	234
국가가 해롭다고 판단한 일을 생계 수단으로 삼는다면?	240
국가가 자극적인 물질을 특별 과세 대상으로 삼는 일	246
자유롭게 내버려둬야 할까, 아니면 도와야 할까?	251
정부가 개입해서는 안 되는 세 가지 이유	255
모든 일이 관료를 거쳐야만 하는 나라가 되어서는 안 된다	259
행정의 능률을 높이겠다는 이유로 자유를 내쫓아서는 안 된다	264

On liberty

1장

왜 우리는 '자유'를 논해야 하는가?

"지금, 이 장은 나와
어떤 관련이 있는가?"

1. 철학적 요점 정리
- 이 장은 책 전체의 문제의식을 선명히 제시합니다.
- 밀은 자유에 대한 논의가 '의지의 자유'가 아니라, 사회가 개인의 삶에 어디까지 개입할 수 있는가를 묻는 문제임을 분명히 합니다.
- 그리고 '다수의 폭정'이라는 개념을 도입해, 민주주의 사회에서도 자유가 억압될 수 있음을 경고합니다.

2. 사회적 적용 및 현실 연결
- 자유는 독재나 군주의 억압에서만 위협받지 않습니다.
- 오늘날에도 사회적 여론, 집단 도덕, 인터넷 문화 등이 개인의 사유와 표현을 억압할 수 있습니다.
- 독자는 이 장을 통해 자유란 단지 '법적 권리'가 아니라 사회적 억압에 맞서 사유하고 말할 수 있는 '실존적 태도'임을 깨닫게 됩니다.

다수의 횡포를 막는 일,
그것이 자유의 출발점이다

이 책의 주제는 흔히 말하는 '의지의 자유(Liberty of the Will)'가 아니다. 이 글이 말하고자 하는 자유는 '시민적 자유(Civil Liberty)' 또는 '사회적 자유(Social Liberty)'다. 쉽게 말해 '사회가 개인에게 어디까지 권력을 행사할 수 있는가, 그리고 그 권력이 정당화될 수 있는 기준은 무엇인가'가 핵심 주제다.

다른 형태의 폭정과 마찬가지로, '다수의 폭정(tyranny of the majority, 다수가 소수의 자유와 권리를 침해하거나 억압하는 상황―옮긴이)'도 처음에는(그리고 지금도 여전히) 정부 당국의 행위를 통해 나타난다는 이유로 단순한 공권력의 위험으로만 인식되었다. 그러나 사려 깊은 이들은 곧 깨달았다. 사회 전체가 하나의 폭군이 될 수 있음을. 즉 사회라는 집단이 그 구성원인 개인들을 억압할 수 있다는 뜻이다. 이럴 경우, 사회가 가하는 억압은 단지 공직자들의 손을 통해 이루어지는 정치적 행위를 넘어서게 된다.

사회는 그 자체로 하나의 권력이 되어 스스로 명령을 내릴 수 있으며, 실제로 그렇게 한다. 그런데 그 명령이 잘못된 것이거나 애초에 간섭해서는 안 될 개인의 고유한 영역까지 침범하게 되면, 그때 작동하는 억압은 여느 정치적 탄압보다 훨씬 더 위협적이다. 극단적인 형벌이 따르는 것은 아니지만, 회피하거나 벗어날 여지가 거의 없기 때문이다.

그런 억압은 법이나 제도가 아닌, 일상에 스며든 관습과 여론, 그리고 보이지 않는 기대를 통해 개인의 삶에 깊숙이 침투하고, 마침내는 인간의 영혼마저 얽매어버린다. 그렇기에 우리는 단지 정부 권력의 폭정으로부터 보호받는 것만으로는 충분하지 않다. 지배적인 여론과 감정의 폭정으로부터도 마땅히 보호받아야 한다.

사회는 법적 처벌이 아닌 다른 방식, 예컨대 도덕적 비난, 집단적 압박, 배제의 분위기 같은 수단으로 공동체의 생각과 생활 방식을 따르라고 강요한다. 그리고 이를 따르지 않는 이들에게는 마치 사회적 규범을 어긴 것처럼 낙인을 찍는다. 그 결과 사회는 공동체의 틀에 어울리지 않는 개성의 싹을 억누르거나 아예 틔우지 못하게 만들며, 가능한 한 모든 사람의 성격과 삶의 방식을 사회의 기준에 맞춰 재단하려 한다.

물론 사회 전체의 여론이 개인의 자유에 일정한 영향을 미칠 수는 있다. 그러나 그 간섭이 정당하게 허용될 수 있는 범위에는 '분명한 한계'가 있어야 한다. 그 선을 찾아내고 끊임없는 침해로부터 지켜내는 일, 바로 거기에 건강한 사회의 토대가 놓여 있다. 그것은 정치적 독재로부터 자유를 지키는 일만큼이나 절실하고도 본질적인 과제다.

물론 이런 원칙에 반대할 사람은 많지 않다. 실제로 문제가 되는 것은 그다음이다. "개인의 자유와 사회의 간섭 사이에 어디에 선을 그을 것인가?" 이 물음 앞에서는 아직도 거의 모든 것이 미완성 상태다.

삶에 가치를 부여할 수 있는 이유는, 타인의 행동이 일정한 규범 아래에서 이루어지기 때문이다. 그렇기에 어떤 형태로든 행위에 대한 기준은 필요하다. 법이 그 역할을 하기도 하고, 법으로 다룰 수 없는 부분은 사회의 여론이 대신한다. 하지만 바로 그 지점에서 우리는 다시 한번 본질적인 물음에 마주하게 된다. "과연 어떤 기준이 정당한 간섭의 근거가 될 수 있는가?" 이 질문이야말로 인간 사회가 아직도 풀지 못한 핵심 과제다.

관습과 도덕적 판단이
언제나 옳은 것은 아니다

 몇몇 지극히 명백한 경우를 제외하면, 이 문제는 지금껏 뚜렷한 해답 없이 제자리걸음을 반복해왔다. 시대가 달라지면 판단도 달라지고, 국가마다 기준은 제각각이다. 한 시대의 결정이 다른 시대에는 도무지 이해되지 않기도 하고, 어떤 국가의 상식이 다른 국가에서는 낯설고 이질적으로 여겨지기도 한다.
 그런데도 어떤 시대, 어떤 국가의 사람들이든 이 문제가 복잡하거나 논란의 여지가 있다고 여기는 경우는 드물다. 마치 인류가 태초부터 이에 대해 자연스럽고 일관된 합의에 도달해온 것처럼 여긴다. 자신들이 따르고 있는 규범은 너무도 당연하고, 그 자체로 정당하다고 굳게 믿는 것이다.
 이처럼 널리 퍼진 착각은 관습이 얼마나 강력한 힘을 지니고 있는지를 보여주는 대표적인 사례다. 속담에 이르길 관습은 '제2의 천성'이라 했지만, 사람들은 그것을 제2가 아니라 애초부터 그러한 '제1의 본성'으로 착각하곤 한다. 사람들이 서로에게 요구하는 행위의 규범에 대해 의심조차 하지 않게 된 데에는 관습이 결정적인 영향을 미쳤다.

그 이유 중 하나는 이러한 주제에 대해서는 굳이 타인에게 설명하거나 스스로 이해할 필요조차 없다고 여기는 경향이 있기 때문이다. 그저 관습일 뿐 누군가에게 이유를 제시할 필요도, 자기 자신에게 설명할 필요도 없다고 생각하는 것이다. 사람들은 그렇게 믿는 데 익숙해졌고, 일부는(철학자라 불리고 싶어 하는 사람들조차도) 그 믿음을 오히려 부추긴다. 이들은 말한다. "이런 문제에 대해서는 이성적 이유보다 느낌이 더 낫다. 그러니 굳이 이유 따윈 필요 없다."

사람들이 인간 행동을 규제할지를 두고 의견을 제시할 때, 그 판단을 이끄는 실제 기준은 따로 있다. 그것은 바로 "모두가 나(그리고 내가 공감하는 사람들)처럼 행동해야 한다"는 마음속의 느낌이다. 물론 누구도 자신의 판단 기준이 단순한 '취향'이라고는 인정하지 않는다. 하지만 어떤 행위에 대한 의견이 이성적 근거 없이 제시된다면, 결국 그것은 한 개인의 기호에 지나지 않는다.

그리고 그 근거라는 것이 단지 "다른 사람들도 비슷하게 느끼고 있다"는 주장에 불과하다면, 그것은 한 사람의 기호가 아니라 단지 여러 사람의 기호일 뿐, 본질은 달라지지 않는다. 그럼에도 대부분의 사람은 자신의 취향이나 선호가 이렇게 뒷받침되면 그것만으로도 충분한 근거가 된다고 믿는다. 실제로 자신이 생각하는 도덕 기준이나 옳고 그름, 품위의 문제는 대부분 이러한 개인적 선호 외에는 별다른 이유가 없는데도 말이다.

특히 종교적 가르침에 명확히 나와 있지 않은 부분이라면 그 경향은 더욱 두드러진다. 심지어 종교 교리에 분명히 적혀 있는 내용조차도 자신의 취향과 기호에 따라 이해하고 판단하려는 경향을 보인다.

사람들은 타인이 어떻게 행동하길 바라는지에 따라 그 행동이 칭찬받을 일인지, 비난받을 일인지를 판단한다. 도덕적 판단은 그렇게 자신의 바람과 기대에 깊이 얽혀 있다. 그리고 그러한 기대를 형성하는 요인들은 실로 다양하다. 그 판단에 영향을 미치는 이유들 역시 사람들이 다른 문제를 두고 무엇을 바라는지를 결정짓는 요인들만큼이나 복잡하고 제각각이다.

그만큼 도덕적 판단은 단순한 기준 하나로는 설명되기 어려운 현상이다. 때로는 이성에 따라, 때로는 편견이나 미신에 따라 이루어진다. 흔히 사회적 애정에서, 간혹 반사회적 감정에서 비롯되기도 한다. 질투, 시기, 오만, 경멸 같은 감정에서 나오기도 하고, 가장 흔한 경우는 자신에 대한 욕망이나 두려움, 즉 정당하든 부당하든 자기 이익을 좇는 태도에서 비롯된다.

지배계층이 존재하는 사회에서는, 그 사회의 도덕 역시 그 계층의 이해관계와 우월감에서 비롯되는 경우가 많다. 백인 대농장주와 흑인 노예, 군주와 백성, 귀족과 평민, 남성과 여성 사이에 통용되던 도덕은 대부분 이런 계급적 감정과 이해관계에서 기인했다. 그리고 이렇게 형성된 도덕 감정은 다시 지배계층 내부의 인간관계에까지 영향을 미쳐 그들 사이의 도덕의식까지도 규정해왔다.

반대로 한때 지배적이었던 계층이 권력을 잃었거나, 혹은 여전히 권력을 쥐고 있으면서도 사회적으로 외면받는 경우가 있다. 이러한 상황에서는 당대의 도덕 정서가 종종 '우월함' 자체에 대한 성급한 반감을 드러내곤 한다.

행동이든 절제든, 인간의 행위를 규율해온 법이나 사회적 관습에는 또 하나의 결정적 원리가 숨어 있었다. 그것은 바로 인간이 세속의 지배자나 신들이 무엇을 좋아하고 싫어할지를 눈치껏 짐작하며 그에 맞춰 순종해온 태도, 즉 복종의 심리다.

이런 복종은 본질적으로 이기적인 태도이지만, 위선은 아니다. 오히려 그것은 지극히 진짜 같은 혐오감을 만들어내며, 사람들로 하여금 마녀나 이단자를 거리낌 없이 단죄하고 처형하게 만들었다. 물론 이러한 저급한 감정들 사이에서도 사회 전체의 분명한 이익이 도덕 감정을 형성하는 데 적지 않은 역할을 해온 것은 사실이다. 그러나 그것은 이성적 판단이나 그 자체의 중요성 때문이라기보다, 그러한 이익에서 비롯된 공감과 반감, 나아가 사회의 이익과는 거의 무관한 감정들이 더욱 강하게 작용했기 때문이다. 결국 사회 전체, 혹은 그중 영향력 있는 일부 집단의 기호와 감정—즉 무엇을 좋아하고 무엇을 싫어하는지—에 따라 법이나 여론이 일반에 요구하는 행위 규범이 결정되어온 셈이며, 여기에는 각종 제재가 동반되었다.

대체로 사상이나 감정 면에서 시대를 앞서간 사람들조차도, 이러한 현실과 구체적인 부분에서는 충돌했을지언정 그러한 원칙 자체를 근본적으로 비판하려 들지는 않았다. 이들은 '사회가 무엇을 선호하고, 무엇을 혐오해야 하는가'를 묻는 데는 몰두했지만, 그러한 사회의 감정이 개인에게 하나의 법처럼 강제되어도 괜찮은지에 대해서는 좀처럼 의문을 제기하지 않았다.

타인에게 해를 끼칠 때만 개인의 자유가 제한될 수 있다

　영국은 정치적 역사에서 비롯된 특유의 맥락 덕분에 '여론의 압력'은 유독 강한 반면 '법의 제약'은 유럽 대부분의 국가보다 상대적으로 느슨하다. 또한 입법권이나 행정부가 개인의 사생활에 직접 개입하는 것에 대해서도 상당한 경계심이 존재한다. 그러나 그 이유는 꼭 개인의 자율성을 정당하게 존중하기 때문이라기보다는 정부를 '국민과는 상반된 이해관계를 대표하는 존재'로 여겨온 오랜 인식의 잔재 때문이다.

　대부분의 사람은 아직 정부의 권력을 자기 권력으로, 정부의 생각을 자기 생각으로 여기지 않는다. 하지만 언젠가 그렇게 여기게 된다면, 개인의 자유는 지금 대중 여론으로부터 침해받는 것처럼 정부로부터도 침해당할 수 있을 것이다. 다만 아직은 사람들이 법으로 통제받는 데 익숙하지 않았던 영역에 대해 법이 새롭게 개인의 행위를 규제하려 할 경우, 그에 대한 강한 반발감이 쉽게 촉발된다. 그리고 그러한 반발은 해당 사안이 과연 법적 규제의 정당한 범위에 속하는지 아닌지에 대한 별다른 분별없이 나타나는 경우가 많다. 그 결과 이 정서는 전체적으로는 건전한 경계심이지만, 실제로는 엉뚱한 곳에 적용되어 왜곡된 판단을 낳기도 한다.

실제로 정부 개입이 타당한지 아닌지를 판단할 공통된 원칙은 존재하지 않는다. 사람들은 대부분 자신의 취향이나 성향에 따라 판단한다. 어떤 이들은 사회에 선을 실현하거나 악을 바로잡아야 할 일이 보이면 주저 없이 정부가 개입해야 한다고 생각한다. 반면 어떤 이들은 사회에 어떤 폐해가 있든 정부의 개입 영역이 하나라도 더 늘어나는 것 자체를 극도로 꺼린다.

사람들은 정부의 개입 여부를 판단할 때 대개 감정적 성향이나 개인적인 이해관계에 따라, 또는 정부가 자신이 원하는 방식으로 행동할 것인지 여부에 따라 입장을 정한다. 정부가 어떤 사안에 개입하는 것이 원칙적으로 옳은 일인지에 대해 일관된 기준을 가지고 판단하는 경우는 드물다. 이처럼 정부 개입에 대해 뚜렷한 기준이 없다 보니 찬성하는 쪽이든 반대하는 쪽이든 엇비슷하게 판단을 그르치는 경우가 많다. 개입을 요구하든 거부하든, 그 판단이 빗나가는 비율은 거의 비슷하다.

이 글의 목적은 단 하나의 원칙을 분명히 밝히는 데 있다. 그 원칙은 바로 이것이다. "사회가 개인을 강제하거나 통제하려 할 때 그 수단이 법적 처벌이라는 물리적 힘이든, 여론이라는 도덕적 압력이든 관계없이 그 기준은 절대적이어야 한다."

인류가 개인이든 집단이든 타인의 행동의 자유를 제한할 수 있는 정당한 목적은 오직 하나, '자기 보호(self-protection)'뿐이다. 문명사회에서 한 개인의 뜻을 거슬러 권력을 행사할 수 있는 정당한 이유는 단 하나, 그 사람이 다른 이에게 해를 끼치지 않도록 막을 필요가 있을 때뿐이다.

자신의 육체적 혹은 도덕적 이익은 어떤 경우에도 강제의 정당한 근거가 될 수 없다. 행동을 강요하거나 금지하는 이유가 자신에게 더 이롭기 때문이든, 더 행복해질 것이기 때문이든, 혹은 다른 사람들이 그 편이 더 현명하거나 옳다고 여기기 때문이든, 그 어떤 이유도 정당한 강제의 사유가 될 수 없다.

상대에게 충고하거나, 설명하거나, 설득하거나, 간청할 수는 있다. 그러나 그가 강제로 따르게 하거나, 따르지 않았다고 해서 어떤 불이익을 주는 것은 결코 정당화될 수 없다. 그를 막고

자 한다면, 그 행동이 타인에게 해를 끼칠 우려가 있을 때만 정당한 이유가 된다. 개인의 행위 중 사회가 책임을 물을 수 있는 부분은 오직 타인에게 영향을 미치는 부분뿐이다. 사람의 독립성은 자기 자신에 관한 한 절대적이며, 개인은 자신의 몸과 마음에 대해 스스로 지배할 권리를 지닌 주권자다.

단, 이 원칙이 오직 판단 능력이 충분히 '성숙한 인간'에게만 적용된다는 점은 굳이 강조할 필요도 없을 것이다. 여기서 말하는 자유의 범위에는 어린이나 법적으로 성년이라고 인정되지 않는 미성숙한 청소년은 포함되지 않는다. 아직 타인의 보호가 필요한 이들은 외부의 위험뿐 아니라 자신의 판단과 행동으로부터도 보호받아야 한다.

같은 이유로 우리는 아직 문명 단계에 이르지 못했거나, 사회 전체가 일종의 '미성년기'에 머물러 있는 상태라고 볼 수 있는 집단도 이 논의에서 제외할 수 있다. 자발적인 발전을 가로막는 초창기의 장벽은 워낙 크기 때문에, 그 장벽을 넘기 위해 어떤 수단을 택하든 사실상 선택의 여지가 거의 없다.

그러나 인류가 설득과 이성적 확신을 통해 스스로 개선할 수 있는 단계에 이르렀다면(여기서 논의하는 문명사회들은 이미 오래전에 그 단계에 도달했다), 그들을 '위한다'라는 명분 아래 이루어지는 어떠한 형태의 강제도 더는 정당화될 수 없다. 강제는 오직 타인의 안전을 지키기 위한 경우에만 허용될 수 있다.

나는 이 논의에서, 공리성과는 무관한 추상적인 권리 개념에 기대어 논증의 우위를 점하려는 의도가 전혀 없음을 먼저 밝히고자 한다. 내게 있어 모든 윤리적 판단의 최종 기준은 '공리성(utility)'이다. 물론 여기서 말하는 공리성이란 '인간은 진보하는 존재'라는 전제 위에 세워진 보다 크고 깊은 의미의 공리성, 즉 인간의 지속적인 이익에 뿌리를 둔 공리성이다.

나는 개인의 자발적인 선택이나 행동을 외부에서 제약할 수 있는 정당한 이유는 오직 하나뿐이라고 본다. 그것은 바로 그 행동이 타인의 이익에 실제적인 영향을 줄 때뿐이다. 누군가 타인에게 해를 끼쳤다면, 그를 처벌해야 할 정당한 이유가 생긴 셈이다. 법적으로 다루기 어려운 상황이라면, 사회적 비난 역시 정당화될 수 있다.

이와 더불어, 타인을 위한 적극적인 행위 중 일부는 개인이 원치 않더라도 사회가 정당하게 요구할 수 있다. 예컨대 법정에서 증언하거나, 공동 방위와 같은 사회 유지에 필수적인 역할을 수행하는 일, 또는 누군가의 생명을 구하거나 폭력 상황에 놓인 사람을 보호하는 것처럼 명백한 도덕적 책임이 따르는 상황에서는 그 책임을 회피한 것에 대해 사회가 응당 책임을 물을 수 있다.

타인에게 해를 끼치는 일은 반드시 어떤 능동적인 행위를 통해서만 일어나는 것이 아니다. 아무것도 하지 않음으로써 발생한 피해에 대해서도 사람은 일정 부분 정당한 책임을 질 수 있다. 물론 직접적인 해를 끼친 경우와 달리, 방관이나 무책임한 침묵에 책임을 묻는 일은 훨씬 더 신중하게 다루어져야 한다. 타인에게 해를 가한 경우 책임을 묻는 것은 원칙이지만, 해를 막지 못한 것에 대한 책임을 묻는 일은 어디까지나 예외적으로만 적용되어야 한다. 그럼에도 불구하고 예외를 정당화할 수 있을 만큼 명확하고 중대한 상황은 분명히 존재한다.

개인의 외적 행위가 타인의 이익에 영향을 미치는 경우, 그는 원칙적으로 그 당사자들에게, 그리고 필요하다면 이익을 보호할 책임이 있는 사회 전체에 응답해야 한다. 그러나 실제 상황에서는 그런 책임을 굳이 묻지 않는 편이 오히려 더 나은 결과를 가져오는 경우도 있다. 중요한 것은 이러한 유보가 단순한 관용이나 방임이 아니라 구체적인 상황에 따른 합리적 필요에서 비롯되어야 한다는 점이다.

예를 들어 어떤 경우에는 사회가 개입하는 것보다 개인의 자율적 판단을 존중하는 편이 훨씬 더 바람직한 선택일 수 있다. 반대로 어떤 상황에서는 통제를 시도하는 것 자체가 또 다른 해악을 불러와 애초에 막고자 했던 문제보다 더 심각한 피해를 초래할 위험이 있다. 바로 이러한 경우에 한해서만 사회는 예외적으로 한발 물러설 수 있다(단, 그 예외는 어디까지나 조심스럽고, 정당한 이유에 기초할 때만 허용된다).

　이처럼 정당한 이유로 외부에서 책임을 강제할 수 없는 경우에는 그 공백을 개인의 양심이 메워야 한다. 외부로부터 보호받지 못하는 타인의 이익을 지키기 위해 양심은 마땅히 그 빈자리에 올라서야 한다. 그리고 사회가 책임을 물을 수 없는 상황일수록 개인은 자기 자신에게 더욱 엄격해야 한다. 남의 눈이 닿지 않는다는 이유로 자신에게 관대해져서는 안 된다.

'자유의 고유한 영역'은
누구도 침범할 수 없다

　인간의 삶에는 사회가 깊이 개입할 수 없는 고유한 영역이 존재한다. 사회는 개인과는 다른 존재로서 이해관계를 맺지만, 이 영역에 대해서는 간접적인 관심만을 표현할 수 있을 뿐이다. 이 영역이란, 개인의 삶과 행동 가운데 자기 자신에게만 영향을 미치는 부분을 뜻한다. 설령 그 영향이 타인에게까지 미친다고 해도, 그것이 자유롭고 자발적이며 기만 없는 동의를 바탕으로 한 것이라면 문제 삼을 이유는 없다. 여기서 말하는 '자기 자신에게만 영향을 미친다'라는 표현은 어디까지나 직접적이고 일차적인 영향을 의미한다. 물론 어떤 선택이 간접적으로 타인에게 영향을 미칠 수 있다는 점은 부정할 수 없다. 그러나 그런 가능성까지 근거 삼아 이 영역에 개입하면, 그것은 단순한 간섭이 아니라 자유의 본질을 침해하는 행위가 된다.

다음과 같은 세 가지 영역이야말로 인간의 자유가 정당하게 보장되어야 할 근본적 영역이다.

첫째, 인간 의식의 내면, 곧 내적인 사유와 성찰의 공간이다. 여기에는 양심의 자유를 비롯해 가장 넓은 의미에서의 사상의 자유와 감정의 자유가 포함된다. 실천적이든 이론적이든, 과학이든 도덕이든 신학이든, 어떤 주제에 대해서든 자유롭게 사고하고 느끼고 말할 수 있는 절대적인 정신의 자유가 보장되어야 한다(그 어떤 외부 압력에도 억눌려서는 안 된다). 의견을 표현하고 출판할 자유는 겉보기엔 다른 원칙에 속하는 것처럼 보일 수 있다. 이는 타인과 연관된 개인의 행위처럼 여겨지기 때문이다. 그러나 이 자유는 사상의 자유만큼이나 본질적이며 중요하고 그 근거 또한 거의 같아 양자를 분리해서 생각할 수는 없다.

둘째, 이 원칙은 개인이 자신의 취향과 목적에 따라 살아갈 자유를 포함한다. 자신의 성향에 맞게 삶의 계획을 세우고, 그에 따라 행동할 자유를 타인이 간섭해서는 안 된다. 다른 사람에게 해를 끼치지 않는 한, 설령 그 선택을 어리석거나 비뚤어졌거나 그릇되었다고 여기더라도 이를 방해할 권리는 없다.

셋째, 각 개인에게 이러한 자유가 주어진다는 전제 아래 같은 조건에서 다른 이들과 함께 행동할 자유, 즉 결사의 자유도 따라야 한다. 다른 사람에게 해를 끼치지 않는 목적이라면, 성인이며 강요나 기만 없이 스스로 선택한 이들이 함께 모일 자유는 정당하게 보장되어야 한다.

인간의 이러한 자유들이 전체적으로 존중되지 않는 사회는 그 정치 체제가 어떠하든 진정한 의미의 자유로운 사회라고 할 수 없다. 그리고 이 자유들이 절대적이고 예외 없이 보장되지 않는 한, 그 사회는 완전한 의미에서 자유를 구현한 사회라고 볼 수 없다. 진정한 자유란, 우리가 스스로 옳다고 믿는 방식으로 자신의 선(善)을 추구할 수 있는 자유를 의미한다. 단, 그 과정에서 타인의 자유를 침해하거나, 타인이 자신의 선을 추구하려는 노력을 방해해서는 안 된다.

자신의 육체적, 정신적, 영적인 건강은 자신이 책임지고 지켜야 할 고유한 영역이다. 각자 옳다고 믿는 방식대로 살아가도록 허용할 때, 그 자유를 억압하고 모두가 똑같은 길을 따르도록 할 때보다 사회 전체가 훨씬 더 큰 이익을 얻게 된다.

사회는 개인이 따라야 할 이상적인 삶의 방식에 대해서도, 사회적 규범을 강요할 때만큼이나 많은 에너지를 쏟아왔다. 그러나 그 기준은 어디까지나 사회 스스로가 옳다고 믿는 바에 따른 것일 뿐이다. 오늘날 세계 곳곳에서는 여론의 압력은 물론 입법의 힘까지 동원해 사회가 개인 위에 권한을 지나치게 확대하려는 움직임이 뚜렷해지고 있다. 더욱이 오늘날의 이러한 변화는 대부분 사회의 힘을 강화하고 개인의 자율을 약화시키는 방향으로 진행되고 있다. 이런 상황에서 개인의 자유를 침해하는 경향은 자연스럽게 사라질 문제가 아니다. 오히려 시간이 갈수록 더욱 집요해지고 강력해질 가능성이 크다.

사람은 누구나(그가 권력을 가진 통치자이든, 평범한 시민이든) 자기 생각과 취향을 타인에게 강요하고 싶어 하는 경향이 있다. 이러한 성향은 인간의 고귀한 감정에서 비롯되기도 하지만, 이기심이나 오만 같은 낮은 감정에서 나올 수도 있다. 그래서 실제로 이 충동이 억제되는 것은 억제하려는 의지가 있어서가 아니라 단지 그럴 권력이 없기 때문인 경우가 대부분이다.

그런데 오늘날은 권력이 줄어들기는커녕 오히려 점점 더 강화되고 있다. 그렇다면 이 위험을 막을 수 있는 사실상 유일한 방법은, 개인의 자유를 지키려는 강력한 도덕적 신념을 확립하는 것뿐이다. 그런 신념이 없다면, 이 경향은 앞으로 더욱 심화될 수밖에 없다.

사상의 자유, 표현의 자유는
모든 자유의 출발점이다

　본격적인 논의에 들어가기에 앞서, 먼저 이 원칙이 사회적으로 어느 정도 받아들여진 한 분야에 주목해보면 이해에 도움이 될 것이다. 비록 완전히 합의된 것은 아니지만, 최소한 일정 수준의 공감대를 형성하고 있는 영역이 있다. 그 대표적인 예가 바로 '사상의 자유'이며, 이 자유는 말하고 쓰는 자유인 '표현의 자유'와 결코 분리해서 생각할 수 없다.

　사상의 자유, 표현의 자유는 종교적 관용과 자유 제도를 내세우는 대부분의 나라에서 어느 정도는 당연한 상식처럼 여겨진다. 그러나 이 자유들이 어디에서 비롯되었는지, 왜 지켜야 하는지에 대한 철학적·실천적 토대는 놀라울 만큼 널리 알려지지 않았다. 심지어 여론을 주도하는 이들조차 그 깊이를 충분히 이해하고 있다고 보긴 어려운 것이 현실이다.

이 자유의 철학적 토대는 올바르게 이해될 때, 결코 한 분야에만 국한되지 않는다. 그 적용 범위는 훨씬 더 넓고 깊다. 그리고 이 주제를 자세히 살펴보는 일은 앞으로 이어질 논의를 이해하는 데 가장 적절한 출발점이 될 것이다.

혹시 이제부터 전하려는 내용이 새롭지 않다고 느껴지는 독자라 하더라도, 이 오랜 주제에 다시 한번 목소리를 보태려는 나의 시도를 너그러이 받아들여주길 바란다. 수 세기 동안 반복되어온 이야기일지라도, 나는 지금 다시 그 위에 나의 말을 얹는다.

On liberty

2장

우리가 틀렸을 가능성은
정말 없는가?

"지금, 이 장은 나와 어떤 관련이 있는가?"

1. 철학적 요점 정리
- 이 장은 '표현의 자유'를 옹호하는 첫 번째 철학적 논거를 제시합니다. 우리가 어떤 의견을 믿고 주장할 때, 그 의견이 틀렸을 가능성을 언제나 염두에 두어야 하며, 그 가능성을 인정하는 태도야말로 자유 사회의 핵심 조건임을 철학적으로 설명합니다.
- 밀은 인간이 불완전한 존재이기에, 어떤 의견도 절대적으로 옳다고 확신할 수 없다고 말합니다.
- 따라서 반대 의견을 억누르는 것은 단지 다른 사람의 권리를 침해하는 것이 아니라 우리가 진리에 도달할 수 있는 기회를 스스로 차단하는 일이라고 경고합니다.

2. 사회적 적용 및 현실 연결
- 오늘날에도 '다수의 상식'이나 '전문가의 견해'라는 이름 아래, 다른 의견을 배제하거나 침묵시키는 일이 자주 벌어집니다.
- 그러나 역사는 늘 '틀린 줄 알았던 소수의 의견'이 세상을 바꿔왔음을 보여줍니다.
- 독자는 이 장을 통해, 표현의 자유는 단순한 권리가 아니라 생각의 겸허함을 유지하기 위한 도덕적 조건임을 깨닫게 됩니다.

사유와 표현의 자유는
왜 지금도 위협받고 있는가?

입헌 국가에서 정부가 개인의 의견 표현을 억압하려 드는 일은, 책임의 경중과 무관하게 이제는 좀처럼 보기 어려워졌다. 하지만 그렇다고 해서 우리가 안심할 수 있는 상황은 아니다. 정부가 앞장서서 침묵을 강요하지 않더라도, 대중의 불관용이 들끓는 순간이 왔을 때 그들의 분노를 대변하는 수단으로 정부가 동원될 가능성은 여전히 존재한다.

   그렇다면 하나의 상황을 가정해보자. 정부가 국민과 완전히 뜻을 같이하며, 오직 그들의 목소리에 부합한다고 믿는 경우에만 강제력을 행사한다고 하자. 하지만 나는 그 강제를 국민이 직접 행사하든 정부를 통해 위임하든, 그 어떤 경우에도 정당하다고 생각하지 않는다. '강제'라는 행위 자체가 본질적으로 부당하기 때문이다. 가장 이상적인 정부라 할지라도, 가장 나쁜 정부보다 더 큰 권한을 가져서는 안 된다. 오히려 그 강제가 대중 여론에 따라 이루어질 때, 대중의 뜻을 거스를 때보다 더 큰 해악을 불러올 수도 있다.

만약 전 인류가 모두 같은 의견을 갖고 있고 오직 단 한 사람만 다른 생각을 품고 있다 하더라도, 그 한 사람의 입을 막을 수 있는 정당한 권리는 그 누구에게도 없다. 그 한 사람이 전 인류의 목소리를 억압할 권리를 갖지 못하는 것과 같은 이치다.

의견을 침묵시키는 행위의 진정한 해악은, 그것이 단지 한 개인의 권리를 침해하는 데 그치지 않고 인류 전체가 가질 수 있었던 가능성을 앗아간다는 데 있다. 그 피해는 현재를 살아가는 우리 세대에 그치지 않고, 아직 도달하지 않은 미래 세대에게까지 고스란히 이어진다.

어떤 의견을 불편하게 여기는 사람들, 특히 그것에 맞서 반박하거나 거부하려는 이들일수록 오히려 더 큰 손해를 입게 된다. 그 의견이 옳았다면, 그들은 자신이 지녔던 오류를 바로잡고 진리를 받아들일 수 있는 기회를 잃은 셈이다. 반대로 그 의견이 틀렸더라도, 진리를 그것과 대비하며 더 선명하게 이해하고 깊이 새길 수 있는 소중한 기회를 함께 잃게 되는 것이다.

이 논의를 제대로 살펴보려면, 다음과 같은 두 가지 전제를 각각 분리해 따로 검토할 필요가 있다. 왜냐하면 각 전제에는 서로 다른 핵심 쟁점이 따로 존재하기 때문이다. 첫째, 우리가 침묵시키려는 그 의견은 실제로 틀린 것이라고 단정할 수 없다(이 전제는 2장에서 다룸-옮긴이). 둘째, 설령 그것이 틀린 의견이라 하더라도 그 생각을 억누르는 행위는 여전히 해로운 결과를 초래한다(이 전제는 뒤의 3장에서 다룸-옮긴이).

비록 소수 의견일지라도 왜 침묵시켜서는 안 되는가?

첫 번째 전제는, 억누르려는 그 의견이 실제로 옳을 가능성도 존재한다는 것이다. 물론 그 의견을 억제하려는 사람들은 그것이 틀렸다고 믿고 있을 것이다. 그러나 그들 역시 판단에서 오류를 범할 수 있는 불완전한 존재다. 그 누구도 인류 전체를 대신해 '정답'을 단정할 권리는 없다. 다른 사람들이 스스로 판단할 기회를 애초에 차단해버린다면, 자기 생각이 결코 틀릴 리 없다는 착각에 빠진 것이나 다름없다. 모든 토론의 억압은, 자기 의견이 항상 옳다고 믿는 태도에서 비롯된다. 익숙하게 들리는 말일지라도, 이보다 더 근본적이고 강력한 반론은 없다.

인간이 오류를 범할 수 있는 존재라는 사실에는, 이론적으로는 누구나 동의한다. 그러나 막상 현실 속에서 판단을 내릴 때는 그 가능성에 제대로 된 무게를 두지 않는다. 사람들은 자신이 불완전하다는 사실은 인정하면서도, 정작 자기 판단이 그 오류 중 하나일 수도 있다는 가능성에는 좀처럼 마음을 열지 않는다. 오히려 자신이 확신하는 의견일수록 더 단단히 믿고, 심지어 경계조차 하지 않는 경우가 많다.

  항상 무한한 복종을 받으며 살아온 사람들은, 거의 모든 문제에 대해 자신의 판단이 틀릴 리 없다는 확신 속에 살아간다. 반면 더 열린 환경에서 살아온 사람들—자신의 의견이 반박당하거나 잘못했을 때 타인의 지적을 받아본 경험이 있는 이들—은 그러한 무한한 신뢰를 오직 자신이 존경하거나 의지하는 사람과 의견이 일치할 때에만 품는다. 자기 판단에는 자신이 없어도, 세상이 하는 말은 별 의심 없이 믿는다. 어차피 다들 그렇게 생각한다는데, 틀려도 함께 틀리면 덜 부끄럽다는 심리가 작용하는 것이다. '다수'가 믿는다는 사실 하나만으로, 그 믿음이 진리인 양 받아들이고 안심해버리는 것이다.

틀린 의견이라고
왜 우리는 그렇게 쉽게 확신하는가?

그가 말하는 '세상'이란, 실제로는 그가 직접 경험한 일부에 지나지 않는다. 그의 세상은 곧 그가 속한 정당, 종파, 교회, 그리고 그가 사회 계층으로 구성된 좁은 울타리일 뿐이다. 만일 어떤 이가 '세상'을 자기 나라 전체나 자기 시대 전체로까지 확장해 생각한다면, 그는 상대적으로 더 개방적이고 시야가 넓은 사람이라 평가받을 수 있다.

그럼에도 불구하고 이렇게 협소한 세계에 대한 그의 신념은 지금 이 순간에도 '전혀 다른 시대와 나라, 종파나 교회, 계층과 정당이 정반대의 생각을 갖고 있다'는 사실을 접하고 나서도 좀처럼 흔들리지 않는다. 그는 자신이 속한 세계가 옳다고 굳게 믿으며, 그 신념의 책임을 기꺼이 그 세계에 맡겨버린다.

그러나 그가 어떤 특정 세계를 믿게 된 것은 결국 우연일 뿐이다. 그가 런던에서 태어났기에 성공회 신자가 되었고, 북경에서 태어났다면 불교도나 유교도가 되었을 가능성이 크다. 그럼에도 불구하고, 이처럼 명백하고 단순한 사실조차 그를 거의 흔들지 못한다.

하지만 분명한 사실은 '개인이 실수를 할 수 있듯 한 시대 전체도 얼마든지 오류를 범할 수 있다'는 점이다. 지나간 시대는 예외 없이 그 시대 사람들이 '당연한 진리'로 믿었던 생각들 때문에 후대에 이르러서는 "어떻게 그런 것을 믿었을까" 하고 고개를 젓게 되는 시대가 되고 만다. 마찬가지로 지금 우리가 당연하게 여기는 수많은 생각들 또한 미래 세대에게는 어처구니없는 오류로 보일 가능성이 크다. 우리가 지금 과거를 비판적으로 돌아보듯, 미래 역시 지금의 우리를 그렇게 되돌아볼 것이다.

이 주장에 대해 누군가는 이렇게 반박할지도 모른다. 틀린 의견을 금지하는 것이 다른 공적 결정들보다 더 큰 오만을 전제로 한다고 보긴 어렵다는 것이다. "결국 판단이란 인간이 스스로 사용하라고 부여받은 도구 아닌가? 그 판단이 때때로 잘못될 수 있다고 해서 아예 판단 자체를 하지 말라는 말인가?"

해롭다고 믿는 것을 금지하는 행위는, 단지 자신의 생각이 틀릴 리 없다는 오만 때문이 아니라 비록 그 생각에 오류가 있더라도 옳다고 믿는 바에 따라 행동해야 한다는 윤리적 책임감에서 비롯된 것이라는 주장이다.

그렇다고 해서 '틀릴 수도 있다'는 가능성 하나만으로 아무런 행동도 하지 말아야 한다고 주장한다면, 결국 우리는 삶의 모든 이해관계를 방기하고, 해야 할 일조차 외면한 채 살아가야 할 것이다. 모든 상황에 똑같이 적용되는 일반론적 반론이라면, 특정한 행동만을 따로 비난하는 정당한 근거가 될 수 없다.

정부든 개인이든 마땅히 해야 할 일은 가능한 한 가장 진실에 가까운 의견을 세우되, 그것이 진정 옳다고 확신하기 전까지는 그 어떠한 주장도 결코 타인에게 강요해서는 안 된다. 하지만 일단 확신이 섰다면—이 주장에 따르면—, 그 확신 이후에도 행동을 유예하는 것은 양심이 아니라 오히려 비겁함이라는 것이다. 지금 눈앞에서 확산되고 있는 어떤 생각이 이 세상이든 내세든 인류 전체의 안녕에 해롭다고 믿는다면, 그걸 그대로 방관하는 태도는 양심적 절제가 아니라 직무유기라는 비판을 받을 수 있다.

"과거에 진실한 의견들이 박해받은 적이 있었다고 해서, 지금도 그저 모든 사상을 손 놓고 방관한 채 바라만 보고 있어야 하는가?" 이것이 그들이 던지는 반문이다. "같은 실수를 반복하지 않도록 경계해야 한다"고 누군가는 말할지도 모른다. 하지만 정부와 사회는 그 외의 수많은 영역에서도 크고 작은 실수를 저질러왔다. 부당한 세금을 걷거나, 명분 없는 전쟁을 일으킨 사례는 역사 속에 얼마든지 존재한다. 그렇다고 이제 모든 세금을 폐지하고, 어떤 도발을 당하더라도 전쟁은 절대 해서는 안 된다고 말할 수 있을까? 인간이든 정부든, 결국은 오류 가능성을 안고서도 최선을 다해 판단하고 행동할 수밖에 없다.

세상에는 결코 흔들릴 수 없는 '절대적 확신'이란 존재하지 않는다. 그러나 인간의 삶을 이끌기에 충분할 만큼의 실질적인 확신은 존재한다. 우리는 자신의 삶을 주체적으로 살아가기 위해 어떤 의견이 옳다고 믿고, 그 믿음에 따라 행동할 수 있어야 한다. 그리고 어떤 주장이 사회에 해를 끼치는 거짓되거나 위험한 사상이라고 판단된다면, 그 확산을 막으려는 시도 역시 그 신념의 논리적 선상에서 정당화될 수 있다는 것이다.

이에 대해 나는 이렇게 답한다. 그 믿음은 단순한 확신이 아니라, 훨씬 더 많은 전제를 포함하는 주장이다.

검증과 반론을 견디고 나서야
진리는 살아남는다

논쟁의 기회가 충분히 주어졌음에도 반박되지 않은 의견을 '참일지도 모른다'고 여기는 것과, 아예 반박의 기회를 봉쇄한 채 그 의견을 '참이다'라고 단정하는 것 사이에는 하늘과 땅만큼의 차이가 있다. 우리가 어떤 의견이 옳다고 믿고서 그에 따라 행동할 정당성을 가질 수 있는 조건은 단 하나뿐이다. 그 의견에 대한 반박과 논박이 완전히 자유롭게 허용될 때에만 우리는 그 의견을 따를 정당성을 비로소 확보하게 된다. 그리고 그 조건이 충족되지 않는다면, 인간은 그 어떤 의견에 대해서도 이성적으로 확신할 자격이 없다.

의견의 역사든, 인간 삶의 평범한 모습이든, 오늘날 이 정도 수준이라도 유지되고 있는 이유는 과연 무엇 때문일까? 분명 그것은 인간 이성이 본래부터 뛰어나서가 아니다. 어떤 주제가 자명하지 않은 한, 백 명 중 아흔아홉은 올바른 판단을 내릴 능력이 부족하며, 남은 한 사람조차 그 능력이 절대적이라기보다는 제한적이고 상대적인 판단 능력을 가졌을 뿐이다. 과거의 위대한 인물들조차 오늘날의 기준으로는 명백한 오류로 여겨지는 생각들을 수없이 믿었으며, 지금 같으면 누구도 옳다고 말하지 못할 행동을 하거나 그런 입장을 지지한 사례가 무수히 존재한다.

그런데도 왜 인간 사회에서는 대체로 이성적인 생각과 행동이 우위를 점하는 것일까? 만약 그런 경향조차 존재하지 않았다면, 인류 사회는 지금쯤 이미 절망에 가까운 상태로 무너졌을지도 모른다. 하지만 인류 사회가 그런 최악의 상황에 이르지 않았던 이유는, 인간 정신이 지닌 특별한 능력 덕분이다. 지적 존재로서든 도덕적 존재로서든, 인간을 존엄한 존재로 인정하게 만드는 가장 본질적인 자질은 인간이 실수를 저지를 수 있는 존재인 동시에 그 실수를 스스로 바로잡을 수 있는 존재라는 점에 있다.

인간은 자신의 실수를 스스로 인식하고 바로잡을 수 있는 능력을 지닌 존재다. 그러나 그 가능성은 오직 경험과 토론을 통해서만 이루어진다. 단, 그 가능성은 경험만으로는 충분하지 않다. 그 경험이 어떤 의미를 가지는지를 분석하고 해석해주는 '토론'이 반드시 뒤따라야 한다.

잘못된 생각과 관행은 결국 사실과 논리에 밀려 무너지기 마련이다. 그러나 그 사실과 논리가 사람의 마음에 실제로 어떤 영향을 미치기 위해서는 반드시 먼저 드러나고 제시되어야 한다. 사실이 스스로 의미를 드러내는 경우는 매우 드물다. 대부분의 사실은 그 의미를 밝혀줄 해석이 함께하지 않는다면 그저 말없는 정보 조각으로 흩어질 뿐이다.

결국 인간의 판단력은 오류를 저질렀을 때 그것을 바로잡을 수 있는 가능성에 기대어 작동한다. 그리고 그 가능성이 실현 가능한 것이 되기 위해서는, 언제든 오류를 바로잡을 수 있는 자유롭고 개방된 조건이 보장되어야 한다.

어떤 사람의 판단을 믿을 만하다고 말하려면, 그 신뢰가 정당화될 만한 과정을 충분히 거쳤는지를 살펴야 한다. 늘 자신의 생각과 행동에 대한 비판에 귀를 열고, 자신에게 불편하고 불리한 말도 끝까지 듣고, 그 안에 옳은 지점이 있다면 받아들이며, 틀린 주장에 대해서는 스스로 그 오류를 찾아낼 수 있어야 한다. 또한 어떤 주제를 진지하게 깊이 이해하고 싶다면, 그 문제에 대해 다른 견해를 지닌 사람들이 어떻게 말하고 바라보는지를 반드시 들어봐야 한다. 세상에서 진정한 지혜를 얻은 사람은 예외 없이 이 과정을 거쳤다. 그리고 인간의 지성이란 본디 그렇게 해서만 자랄 수 있는 것이다.

자신의 생각을 타인의 견해와 끊임없이 견주고 다듬어온 사람은, 오히려 그것을 실천할 때 더 깊고 단단한 확신을 갖게 된다. 그런 성찰의 습관은 판단을 흐리게 하기는커녕 오히려 그 판단이 신뢰받을 수 있는 유일하고도 견고한 토대를 마련해준다. 반대되는 주장을 스스로 떠올려보고, 그것에 맞서 입장을 정립해본 경험이 있기에 가능한 일이다. 그는 회피하지 않고 오히려 의문과 반론을 스스로 찾아 나섰으며, 어떤 방향에서든 얻을 수 있는 통찰을 기꺼이 수용했다. 이런 과정을 거친 사람이라면, 자신보다 덜 고민해본 이들보다 자신의 판단을 더 신뢰할 자격이 있다고 말할 수 있다.

세상에서 가장 현명한 사람들, 즉 자신의 판단을 믿을 자격이 있는 이들조차도 반드시 그런 검증의 과정을 거친다. 그렇다면 일부 '지혜로운 소수'가 존재하더라도 결국 수적으로 우세한 '어리석은 다수', 즉 대중이라 불리는 집단이 그런 검증도 없이 판단을 내리는 것은 결코 정당화될 수 없다. 그들에게도 마땅히 동일한 수준의 검증이 요구되어야 하며, 그것은 결코 과도한 요구가 아니다.

가장 배타적인 종교 조직으로 알려진 로마 가톨릭교회조차도 성인을 시성할 때에는 '악마의 대변인(Devil's Advocate, 시성 절차에서 후보자의 결점을 지적하고 반론을 제기하는 공식 역할—옮긴이)'을 지정해 그 인물에 대한 모든 비판을 경청하고 꼼꼼히 검토한다. 세상에서 가장 성스럽다고 여겨지는 인물조차도, 그에 대해 악마가 할 수 있는 말을 끝까지 들어보고 그 반론의 무게를 충분히 따져보기 전에는 결코 위대한 존재로 추앙되지 않는다.

설령 뉴턴의 물리학조차도 반론을 허용하지 않았다면, 인류는 그 이론을 지금처럼 확신하지 못했을 것이다. 우리가 가장 확실하다고 믿는 진리조차도, 언제든 반박을 받아들일 준비가 되어 있을 때에만 비로소 믿을 만한 자격을 갖추게 된다.

진리는 스스로를 방어하지 않는다. 오직 반론을 견디고 나서야 살아남는다.

그저 자기 확신만으로
의심을 금지해선 안 된다

누군가 그 믿음을 시험해보려 하지 않았거나, 혹은 시도는 했지만 끝내 반박하지 못했다면, 우리는 여전히 그것을 '확실한 진리'라고 단정하기가 어렵다. 그러나 적어도 인간 이성이 허용하는 한계 안에서 우리가 할 수 있는 모든 시도를 다했다면, 그것은 진실에 도달하기 위한 정당한 노력으로 간주될 수 있다.

사고의 문이 열려 있는 한, 더 나은 진리는 언제든 우리 앞에 모습을 드러낼 수 있다. 단, 우리가 그것을 받아들일 준비가 되어 있을 때만! 그날이 오기 전까지는, 지금 우리가 지니고 있는 진실이야말로 우리 인간이 도달할 수 있는 최선에 가장 가까운 자리라 할 수 있다. 완전할 수 없는 인간에게 '확실성'이란 결국 이 정도면 충분하다. 그리고 그 확실성에 닿는 길은 오직 하나, 질문을 멈추지 않는 것뿐이다.

아이러니한 일이다. 사람들은 자유로운 토론의 필요성에는 대체로 동의하면서도, 막상 그 원칙이 '극단적인 경우'에까지 적용되어야 한다고 하면 곤란하다고 여긴다. 그러나 그런 예외를 단 하나라도 허용하는 순간, 그 원칙은 처음부터 어떤 상황에서도 제대로 작동할 수 없는 무력한 선언이 되고 만다. 가장 불편한 상황에서도 통하지 않는 논리는, 그 어떤 상황에서도 진정한 설득력을 가질 수 없다. 참으로 모순된 일이다.

사람들은 논쟁의 여지가 있는 주제라면 토론이 필요하다고 말하면서도, 어떤 주장에 대해서는 그것이 '너무 확실하기 때문에' 의문을 제기하는 것조차 허용하지 않으려 한다. 결국 자기 확신 하나만으로 의심을 차단하겠다는 태도다. 그러면서도 그 안에는 '자신이 틀릴 리 없다'는 무의식적 전제가 깔려 있다는 사실조차 깨닫지 못한다. 누군가 이의를 제기하려 해도 말할 기회조차 주지 않은 채, 단정적으로 어떤 주장을 향해 "이건 확실하다"라고 선언하는 것은 논리적으로도 앞뒤가 맞지 않는다. 이런 태도는 반대 의견의 가능성 자체를 지워버리고, 자기 확신만으로 진리 여부를 판단하겠다는 선언에 불과하다.

토론 없는 진리는
죽은 진리일 뿐이다

오늘날 우리는 "절대적 진리에 대한 믿음은 사라졌지만, 정작 그 믿음을 의심해보는 일은 여전히 꺼려지는 시대에 살고 있다"고들 말한다. 사람들은 자신의 생각이 정말로 옳다고 믿어서가 아니라, 그 생각 없이 어떻게 살아야 할지 몰라 그것을 붙잡고 있는 경우가 많다.

그 결과, 어떤 생각은 그 진실 여부와 무관하게 '사회에 꼭 필요하다'는 이유만으로 비판의 대상에서 제외되어야 한다는 주장까지 나온다. 심지어 어떤 원칙은 '사회 안정을 위해 반드시 지켜야 할 것'이라는 이유만으로 정부가 보호해야 할 공공의 이익으로 격상되기도 한다. 다른 권익을 보호하는 것처럼, 이런 원칙 역시 '공익'이라는 이름 아래 예외 없이 옹호되어야 한다는 논리가 형성되는 것이다.

  이런 경우, 정부는 자신이 절대적으로 옳다고 확신하지 않더라도 널리 퍼진 여론에 기대어 정책을 결정할 수 있고, 그것이 정부의 책임이라고 보는 시각도 존재한다. 이러한 주장은 논리적인 주장으로 자주 제시되지만, 현실에서는 논리라기보다는 막연한 정서적 믿음에 가까운 형태로 받아들여지는 일이 많다. 즉 '이런 건전한 생각을 의심하려는 사람은 나쁜 사람일 것이다' → '나쁜 사람의 행동은 제약해도 괜찮다' → '그 나쁜 사람이 말할 법한 생각이라면 그 말 자체를 차단해도 된다'는 식의 단순화된 도식이 어느새 하나의 통념처럼 작동한다.

  반면 어떤 주장에 대한 제약의 기준이 그 주장의 진실 여부가 아니라 사회적 유용성에 따라 결정된다면 이야기는 전혀 다르게 전개된다. 판단의 초점이 '진리에 대한 확신'에서 '쓸모'로 옮겨가는 순간, 사람들은 자신이 '진리의 재단자'라는 불편한 자리에 앉아 있다는 사실로부터 살짝 비켜설 수 있다고 착각하게 된다.

  그러나 이러한 방식으로 자신의 믿음을 정당화하는 사람들은 결국 자신이 '무엇이 유용한가'를 절대적으로 판단할 수 있는 자격이 있다고 은연중에 믿고 있다는 사실조차 자각하지 못한다. '이것이 진리다'라는 단언은 피하면서도, '이것은 유용하다'는 판단만으로 어떤 의견이 보호받아야 한다고 여기는 것이다. 그러나 어떤 의견이 유용한지 아닌지도 결국 하나의 주관적 견해일 뿐이며, 그 역시 얼마든지 이견이 있을 수 있고 논쟁과 검토가 필요한 사안이라는 점에서 다른 의견들과 전혀 다를 바 없다.

어떤 의견이 거짓이라고 단정하려면, 그것이 해롭다고 판단할 때와 마찬가지로 '오류 없는 판단자(infallible judge of opinions, 결코 틀릴 수 없는 심판자)'의 존재를 전제로 해야 한다. 그리고 그 의견이 충분한 반론 기회조차 얻지 못한 상태라면, 이러한 전제의 필요성은 더욱 커진다. 또한 이단자에게 자신의 의견이 유익하거나 해롭지 않다고 주장하는 것은 허용하면서 그것이 '진실'이라고 말하는 것만은 금지하겠다는 식의 태도는 이치에 맞지 않는다. 왜냐하면 어떤 의견의 '유용성'과 '진실성'은 떼어놓을 수 없는 관계이기 때문이다.

어떤 의견이 유용하다고 판단할 수 있는 가장 핵심적인 근거는, 그것이 사실과 부합한다는 믿음, 즉 '진실성'이다. 따라서 우리가 어떤 주장을 믿는 것이 바람직한가를 따지고자 한다면, 그 주장이 참인지 아닌지를 외면해서는 안 된다.

진실에 어긋나는 믿음은 결코 진정한 유익함을 가져다줄 수 없다고 믿는 사람들은, 나쁜 이들이 아니라 오히려 가장 성실하고 양심적인 이들이다. 그런 사람들에게 "그 믿음은 유용하니 부정해선 안 된다"고 비난한다면, 그들은 분명 이렇게 반문할 것이다. "우리는 그 주장이 해롭다고 생각해서가 아니라, 거짓이라고 믿었기 때문에 받아들이지 않은 것이다."

　기존 통념의 편에 선 이들 또한 언제나 이 논리를 최대한 활용한다. 그들 역시 '유용성'과 '진실'을 서로 무관한 문제처럼 별개로 다루지는 않는다. 그들이 그 주장을 그렇게까지 절대적인 것으로 고집하는 이유 역시, 다름 아닌 그것이 '진리'라고 굳게 믿기 때문이다.

끊임없는 의심과 검증을 거쳐야
진리는 빛을 발한다

 어느 한쪽만 핵심적인 논거를 자유롭게 사용할 수 있고 반대편은 그럴 수 없다면, 그 사회에서 유용성에 대한 논의가 공정하게 이루어질 리 없다. 실제로 어떤 의견의 진실 여부를 따지는 것조차 법이나 여론이 따지는 것을 허용하지 않는 사회에서는, 그 의견의 유용성에 대한 이견조차 용납되지 않는다. 그나마 일부 반론이 허용된다 하더라도 '그 주장이 반드시 필요하지는 않을 수도 있다'는 식의 우회적 표현이나, '그 입장을 거부한다고 해서 큰 잘못은 아니다'는 식의 소극적 변명에 머무르기 쉽다. 즉 허용된 반론조차 본질적인 논박이 아니라, 그저 예외를 조심스럽게 인정하는 수준에 머무르게 된다.

 우리가 어떤 의견에 동의하지 않는다고 해서, 그 의견이 세상에 나와 주장될 기회마저 가로막아서는 안 된다. 이 원칙이 무시될 때 어떤 해악이 뒤따르게 되는지를 더욱 분명히 보여주기 위해, 나는 지금 논의를 하나의 구체적인 사례로 좁혀보려 한다. 그리고 나는 의도적으로 내 입장에서 가장 옹호하기 어려운 예시를 선택하려 한다. 다시 말해, 그 의견이 진실하지도 않고, 심지어 사회에 해롭다고 여겨지는 상황을—그리하여 표현의 자유를 제한해야 한다는 주장이 가장 설득력 있게 들리는— 다루려는 것이다.

예컨대 신의 존재나 사후 세계에 대한 믿음, 혹은 사회적으로 널리 받아들여지는 도덕적 원칙들에 대해 비판을 가한다면 어떨까? 애초에 그런 주제를 공론장의 논쟁거리로 끌어내는 것 자체가 논리적으로 정직하지 않은 상대에게 지나치게 유리한 입지를 내주는 셈이 된다. 그는 분명 이렇게 주장할 것이다. "그런 비판은 사회의 도덕과 질서를 위태롭게 만들 수 있으니, 침묵시켜야 마땅하다." 그리고 비록 입 밖에 내지는 않더라도, 많은 이들이 마음속으로는 그 말에 공감하며 조용히 고개를 끄덕일 것이다.

그렇다면 묻고 싶다. 당신은 신의 존재나 도덕의 핵심이라 할 만한 이런 믿음들조차 법적 보호를 받기에는 확신이 부족하다고 생각하는가? 신에 대한 믿음 역시, 그것이 '확실하다'고 단언하는 순간부터 더 이상 그 믿음은 의심이나 오류의 가능성을 허용해서는 안되는가?

한 가지는 분명히 해두고 싶다. 내가 문제 삼는 것은 어떤 의견에 대해 확신하는 태도 그 자체가 아니다. 문제는, 어떤 주장이든 그에 대한 결론을 타인 대신 미리 내려버리고, 그와 반대되는 생각은 아예 들을 필요조차 없다고 여기는 태도에 있다. 이러한 태도는 결국 '내 생각이 틀릴 가능성은 전혀 없다'는 전제를 담고 있으며, 이는 곧 '무오류를 가정하는 태도(assumption of infallibility)'다.

또한 어떤 의견이 부도덕하거나 불경하다고 여겨진다고 해서, 그 의견을 억압하려는 태도가 더 정당하거나 덜 위험해지는 것은 결코 아니다. 오히려 그런 경우일수록 그 억압은 훨씬 더 심각한 해악을 초래한다. 이러한 상황에서야말로 한 시대의 사람들이 저지른 끔찍한 오류들이 후대의 놀라움과 경악을 자아내는 대표적 사례로 역사에 기록되곤 했던 순간들이다. 우리가 역사에서 기억하는 중대한 과오들 대부분이 바로 이런 식의 억압에서 비롯된 것이다.

소크라테스가 남긴
가장 '불편한 유산'

    법의 권력이 동원되어 가장 고결한 인물들과 가장 고귀한 사상들을 뿌리째 뽑으려 했다. 많은 사람들이 그렇게 사라졌고, 그들이 옹호했던 사상들 가운데 일부만이 가까스로 살아남았다. 그런데 아이러니하게도 그 살아남은 사상들마저 마치 조롱이라도 하듯 훗날에는 다른 반대자들을 탄압하는 도구로 이용되곤 했다. 심지어 그 사상의 본래 의미에 반하는 해석에 이의를 제기한 이들을 억압하는 데 쓰이기도 했다.

    이러한 억압이 남긴 깊은 상처를 역사는 이미 수없이 증명해왔다. 예컨대 소크라테스라는 인물이 있다. 그는 당대의 법적 권위와 대중 여론에 맞서 역사에 길이 남을 충돌을 겪었고, 그 결과는 오늘날까지도 인류가 반복해 되새겨야 할 소중한 교훈으로 남아 있다.

　탁월한 인물들이 유난히 많았던 시대와 장소에서 태어난 소크라테스는, 그 자신을 누구보다도 잘 알던 동시대인들에 의해 가장 고결한 사람으로 기억되고 있다. 우리는 그를, 후대 모든 도덕 교사의 선구자이자 원형으로 여긴다. 그는 플라톤에게 고매한 철학적 영감을 주었고, 아리스토텔레스에게는 신중한 공리주의 정신의 뿌리를 제공했다. 그의 영향을 크게 받은 플라톤과 아리스토텔레스에 대해 단테는 『신곡』 지옥 편에서 '앎을 아는 자들의 스승들(i maëstri di color che sanno)'이라 불렀고, 그 이후 등장한 모든 위대한 사상가들 역시 소크라테스를 공통된 스승으로 추앙해왔다. 이천 년이 넘는 세월이 흐른 지금도 여전히 그의 명성은 더욱 깊어지고 있으며, 심지어 그의 이름 하나만으로도 고향 아테네를 빛낸 다른 모든 이름을 압도할 만큼 상징적이다.

　그러나 그런 소크라테스조차, 결국은 자신의 조국에 의해 사형을 선고받았다. 신성모독과 부도덕이라는 죄목으로 정식 재판을 거쳐 유죄가 선고되었고, 그는 처형되었다. 그에게 씌워진 첫 번째 죄는 '불경죄'로, 그가 국가가 공인한 신들을 부정했다는 이유에서였다. 플라톤의 『변명』에 따르면, 고소인은

"소크라테스가 어떤 신도 믿지 않았다"고까지 주장했다. 그의 두 번째 죄목은 '부도덕죄'로, 그의 가르침과 사상이 청년들을 타락시켰다는 혐의였다. 재판부는 여러 정황을 근거 삼아 진심으로 그를 유죄라 판단했고, 당시 인류 전체를 통틀어 가장 깊은 존경을 받아 마땅했던 사람에게 '범죄자'라는 이름을 씌워 사형을 집행했다.

법률의 억압보다 더 무서운 '사회적 낙인'의 폭력성

"진리는 언제나 탄압을 이긴다"는 말은 사람들 사이에서 반복되며 마치 상식처럼 굳어진 듣기 좋은 허구에 불과하다. 실제 역사 속 현실은 이 말을 부끄럽게 만들기에 충분하다. 역사를 들여다보면, 진실이 탄압에 의해 억눌리고 사라졌던 사례들은 차고 넘친다. 설령 완전히 사라지지 않았다 해도, 진리는 때때로 수 세기 동안 침묵 속에 밀려나 있어야 했다.

꽤 오래전부터, 표현의 자유를 억누르는 데 있어 법적 처벌 자체보다 더 해로운 것은 오히려 그것이 불러오는 '사회적 낙인'의 효과였다. 실제로 사람들의 입을 막는 가장 강력한 힘은 법이 아니라 사회가 가하는 비공식적 처벌인 '낙인'이다. 그 영향력은 너무도 커서, 잉글랜드에서는 사회적으로 금기시된 의견을 공개적으로 밝히는 일이, 다른 나라에서 법적 처벌을 감수하며 드러나는 발언보다 훨씬 더 보기 드물다. 공식적 억압보다 더 무서운 것은, 바로 침묵을 강요하는 사회의 눈초리다.

경제적으로 타인의 평판에 흔들리지 않을 만큼 충분한 여유가 있는 사람들을 제외하면, 이 문제에 있어 사회적 여론은 법에 못지않은 억압의 힘을 발휘한다. 자신의 의견을 드러냈다는 이유로 생계의 길이 막힌다면, 그것은 사람을 감옥에 가두는 것과 다를 바 없다.

이미 생계가 보장되어 있고, 권력자나 조직, 대중에게 아무런 기대도 하지 않는 사람이라면, 어떤 의견이든 공개적으로 밝히는 데 크게 두려움을 느낄 필요는 없다. 고작해야 좋지 않은 평판을 듣거나 뒷말을 감수하면 될 뿐이다. 그리고 그 정도의 불이익쯤은 굳이 비범한 용기를 지닌 사람이 아니더라도 견뎌낼 수 있어야 한다.

밥벌이 걱정이 없고 누구에게도 기대지 않는 사람들이 자신의 의견을 말했다는 이유로 조금의 비난을 들었다고 해서 '불쌍하다'고 말할 수는 없다. 오늘날에는 다른 생각을 가졌다는 이유만으로 사람들에게 노골적인 해를 가하는 일은 많지 않다. 그러나 억압은 여전히 은밀한 방식으로 작동하고 있으며, 우리는 지금도 이질적인 의견을 배제함으로써 진리에 도달할 수 있는 기회를 스스로 차단하고 있다. 소크라테스는 죽임을 당했지만, 그의 철학은 마치 하늘에 떠오른 태양처럼 찬란히 빛났고, 그 빛은 지성의 세계 전체를 환히 밝혔다.

표현을 억누르는 사회,
왜 위험한가?

　오늘날의 사회적 배척은 더 이상 누구를 죽이거나 어떤 사상을 노골적으로 뿌리째 뽑아내지는 않는다. 그러나 사회는 여전히 사람들로 하여금 자신의 생각을 숨기게 만들고, 그 생각을 세상에 알리려는 적극적인 시도조차 스스로 포기하게 만든다.
　우리 사회에서 이단적이거나 비주류적인 의견은 수십 년이 지나도 뚜렷한 영향력을 얻지 못한 채, 그렇다고 완전히 사라지는 것도 아니다. 그런 생각들은 세상을 밝히는 불꽃으로 퍼져 나가지 못하고, 처음 그것을 품었던 몇몇 사색적이고 학구적인 이들의 좁은 울타리 안에만 갇혀 머물러버린다. 결국 그 빛은 참이든 거짓이든 인류 사회 전체를 비추지 못한 채 연기처럼 조용히 피어오를 뿐이다. 그 침묵은 겉보기엔 평화로워

보일지라도, 사회 전체가 진리를 접할 가능성을 영영 잃어버리는 값비싼 대가를 치르게 만든다.

　겉으론 아무 갈등도 없어 보이는 사회 질서가 유지된다. 일부 사람들에게는 이보다 더 만족스러운 상태도 없을 것이다. 굳이 누구를 처벌하거나 감옥에 보내는 수고를 들이지 않아도, 사회의 지배적인 의견이 겉보기엔 아무런 동요와 저항 없이 유지되기 때문이다. 그러면서도 사유하는 이탈자들이 조용히 이성을 작동시키는 것쯤은 그냥 눈감아준다. 단, 그 생각이 세상 밖으로 퍼져 나가려는 순간만은 슬며시 가로막을 뿐이다.

　지적 세계를 조용히 가라앉히고 모든 것을 현 상태로 고정하려는 시도는, 얼핏 보면 그럴듯하고 편리해 보일지도 모른다. 그러나 그 '고요'를 위해 치러야 하는 대가는, 인간 정신이 마땅히 지녀야 할 '도덕적 용기'를 통째로 내던지는 일이다.

사고를 억압하는 분위기는
사회를 병들게 한다

　사고력과 탐구심이 뛰어난 많은 사람들이 '자신이 진심으로 믿는 원칙과 그 근거'는 마음속에 감춘 채 공공의 자리에서는 이미 스스로 버린 전제를 일부러 끌어와 그것에 맞춰 결론을 내놓는 사회에서는, 과거에 사유의 세계를 빛냈던 이들처럼 솔직하고 두려움 없이 말하는 인격이나 논리적이고 일관된 지성을 기대하긴 어렵다.

　그런 사회 분위기에서 길러낼 수 있는 사람은 오직 두 부류뿐이다. 하나는 깊이 생각하지 않고 그저 익숙한 통념에 무비판적으로 순응하는 사람들이고, 다른 하나는 겉으로는 진실을 위하는 척하면서도 실제로는 사회의 눈치를 보며 살아가는 사람들이다. 후자는 중요한 주제에 대해 말할 때조차 자신을 설득시킨 진정한 논리 대신 청중의 비위를 거스르지 않을 말만 골라 말한다. 이 두 부류 중 어느 쪽도 되고 싶지 않은 사람들은 차라리 원칙의 영역 자체를 회피한다. 그 결과, 누구의 눈치도 보지 않고 말할 수 있는 '작고 실용적인 문제들'로만 자신의 사고를 제한하게 된다. 하지만 그런 작은 문제들은 인간의 정신이 더 넓고 깊어지기만 한다면 저절로 해결될 수 있는 것들이다. 그리고 그 정신을 키우는 길, 즉 가장 높은 주제에 대한 자유롭고 대담한 사유는 그렇게 조용히 버려지고 만다.

다른 의견을 가진 사람들이 침묵하는 것이 별문제가 아닌 듯 여겨지는 사회라 하더라도, 우리가 반드시 짚고 넘어가야 할 점이 있다. 그 침묵 속에서는 기존 통념에 도전하는 생각들이 애초부터 공정하고 진지한 논의의 장에 오르지도 못한다는 것이다. 설령 그런 생각들이 충분히 견고하지 않아 논쟁을 이겨내지 못할지라도, 그 가능성을 차단한다고 해서 그 생각들이 자연스럽게 사라지는 것은 아니다. 이 점을 잊어서는 안 된다.

그러나 오직 정해진 결론만을 허용하고, 그 너머의 탐구를 막는 분위기 속에서 진정 피해를 입는 쪽은 따로 있다. 상처를 입는 것은 이견을 지닌 사람들이 아니라, 애초에 그런 이견조차 마음속에 품어보지 못한 사람들이다. 그들은 이단으로 보일까 두려워 사고의 성장을 위축시키고, 결국 스스로 이성의 힘마저 꺾어버리게 된다.

조용하고 온순한 성품을 지녔다는 이유만으로 얼마나 많은 뛰어난 지성들이 사라져가고 있는지, 그 손실은 가늠조차 할 수 없다. 대담하고 독립적인 사유를 끝까지 밀고 나갈 잠재력을 지녔음에도, 그 끝이 불경하거나 부도덕한 생각으로 비칠까 두려워 스스로 그 길을 접어버리는 이들이 얼마나 많은가.

그들 중에는 깊은 양심과 섬세한 지성을 지닌 이도 적지 않다. 침묵시킬 수 없는 지성을 안고 살아가며, 평생을 내면과의 싸움 속에서 보낸다. 양심과 이성이 이끄는 목소리를 기존의 정통성에 억지로라도 맞춰보려 애쓰며, 지적 기교와 사유의 모든 자원을 소진한다. 그럼에도 결국 양심과 이성을 완전히 화해시키지 못한 채 생을 마치는 경우가 얼마나 많은가.

위대한 사상가는 무엇보다 먼저 한 가지를 깊이 자각해야 한다. 사상가로서의 첫 번째 의무는, 지성이 이끄는 길이 어디든 그 끝까지 따라가는 것이다. 충분히 공부하고 치열하게 고민한 끝에 스스로 도달한 결론이 설령 오류를 포함하더라도, 그 오류와 실수는 그저 남이 맞다고 하니까 따라 믿는 사람이 내세우는 '정답'보다 진리에 훨씬 더 가까울 수 있다.

편견과 관습에 매달려 있는 한
진보는 불가능하다

사상의 자유가 필요한 이유는 결코 위대한 사상가를 길러내기 위해서만이 아니다. 사실 그것은 이 자유의 가장 본질적인 목적조차 아니다. 더 근본적인 과제는, 평범한 사람들이 자기 삶에서 도달할 수 있는 정신적 수준에 실제로 이를 수 있도록 그 기반이 되는 자유를 보장하는 데 있다.

물론 정신이 억압된 사회 분위기 속에서도 위대한 사상가가 출현한 적은 있었고, 앞으로도 그런 일이 가능할 수는 있다. 그러나 그런 사회 분위기 속에서 '생각하는 민중(intellectually active people)'이 형성된 적은 단 한 번도 없었고, 앞으로도 그런 일이 일어날 가능성은 없다.

어느 시대, 어느 사회든 잠시라도 지적으로 비범한 역량을 보여준 적이 있었다면, 그 배경에는 대체로 이단적 사유에 대한 공포가 일시적으로 멈춰섰다는 사실이 있었다. 반대로, 원칙에 대한 논의가 암묵적으로 금지되고, 인류를 오랫동안 사로잡아온 가장 근본적인 질문들조차 이미 결론이 난 것으로 여겨지는 사회에서는 역사를 빛낸 몇몇 시기들에서 확인할 수 있었던 높은 수준의 지적 활력을 기대할 수 없다.

사회적 논쟁이 사람들의 열정을 불러일으킬 만큼 크고 본질적인 주제를 피해왔던 시기에는, 그 사회의 정신이 뿌리부터 흔들리며 깨어난 적이 단 한 번도 없었다. 지적 각성과 도약은 언제나 가장 중요한 문제들을 둘러싼 격렬한 논쟁 속에서 시작되었고, 그 과정에서 평범한 이들조차 '생각하는 존재'로 성장할 수 있었다.

그러한 지적 각성의 대표적인 사례는 종교개혁 직후 유럽 사회 전반을 뒤흔든 정신적 격동 속에서 확인할 수 있다. 그에 이어지는 또 하나의 흐름은 18세기 후반 유럽 대륙에서 전개된 사변적 운동이었지만, 그 영향은 교양 있는 소수 계층과 특정 지역에 국한되었다는 점에서 명확한 한계를 지녔다. 또한 괴테와 피히테가 활동하던 시기의 독일 지성계에서도 짧지만 역사적으로 주목할 만한 지적 격동이 있었다.

이 세 시기는 각기 다른 사상들을 꽃피웠지만, 한 가지 공통된 특징을 지닌다. 세 시기 모두에서 권위의 굴레는 일시적으로 풀려 있었고, 기존의 정신적 억압은 무너졌으며, 그 자리를 대신할 새로운 억압은 아직 등장하지 않았다.

바로 이 시기들의 지적 격동이 오늘날 유럽을 형성한 원동력이 되었다. 정신이든 제도이든, 지금까지 이루어진 모든 진보는 결국 이 세 시기 중 하나에서 시작되었다.

그러나 최근의 흐름을 보면, 그 세 차례의 지적 격동이 지녔던 힘은 거의 다 소진된 듯하다. 우리가 다시 한번 정신의 자유를 명확히 선언하지 않는 한, 새로운 출발은 기대하기 어려울 것이다.

On liberty

3장

틀린 의견이라도
왜 여전히 필요한가?

> "지금, 이 장은 나와
> 어떤 관련이 있는가?"

---

1. 철학적 요점 정리
- 이 장은 '표현의 자유'를 옹호하는 두 번째 철학적 논거를 제시합니다. 설령 어떤 의견이 틀렸다고 하더라도, 틀린 의견마저도 왜 사회에 여전히 필요한지를 설명합니다.
- 밀은 진리가 살아 있으려면, 반론과 토론을 통해 끊임없이 검증되어야 한다고 주장합니다.
- 의견의 자유는 진리를 찾기 위한 수단이 아니라 진리를 살아 있게 만드는 조건이라는 통찰이 이 장의 핵심입니다.

2. 사회적 적용 및 현실 연결
- 오늘날에도 '맞는 말'이 되풀이되는 사이에 그 말은 점차 공허한 구호로 변해갑니다.
- 다양한 의견이 존재하지 않으면 진리는 습관적 신념으로 굳어지고, 결국 사람들은 더 이상 스스로 생각하지 않게 됩니다.
- 독자는 이 장을 통해, 틀린 의견마저도 진리를 되살리는 산소가 될 수 있음을 깨닫게 됩니다.

반대 의견은 진리를 위해
반드시 필요하다

이제 논의의 두 번째 영역으로 넘어가보자. 앞서 우리는 '통념 중 일부가 틀릴 가능성'을 전제로 논의를 전개했지만, 이제 그 가정을 잠시 내려놓고 '통념이 참이다'라는 전제하에 그 진리가 자유롭고 공개적으로 논의되지 않을 때 사람들은 과연 어떻게 받아들이게 되는지를 살펴보려 한다.

물론 자기 신념에 강한 확신을 가진 이들은 자신의 의견이 틀릴 수도 있다는 가능성을 좀처럼 인정하지 않으려 한다. 그러나 그 의견이 설령 참이라 하더라도, 다음과 같은 사실만큼은 반드시 직시해야 한다.

(다행히도 예전보다 줄어들긴 했지만) 여전히 이런 생각을 가진 사람들은 많다. 즉 어떤 주장이 참이라고 믿기만 하면, 그 근거를

전혀 알지 못하더라도, 심지어 가장 피상적인 반론조차 제대로 반박하지 못해도 괜찮다고 여기는 사람들이다. 이들은 자신이 믿는 신념이 권위를 통해 주입되기만 하면, 그에 대한 의문 제기는 쓸모없을 뿐 아니라 해롭기까지 하다고 믿는다. 이러한 생각이 지배하는 환경에서는, 기존 통념을 신중하고 깊이 있게 반박하는 일 자체가 거의 불가능해진다. 그러나 그렇다고 해서 그 통념이 영구히 유지되는 것은 아니다. 오히려 성급하고 무지한 방식으로는 얼마든지 거부될 수 있다. 논의 자체를 완전히 가로막는 일은 거의 불가능하기 때문에, 일단 토론이 시작되면 충분한 확신 없이 받아들인 믿음은 그럴듯한 반론 앞에서 쉽게 무너진다.

설령 어떤 의견이 참이고, 사람들 마음속에 깊이 자리하고 있다 하더라도, 그 믿음이 논증과 무관하게—오히려 논증에 저항하는 하나의 편견처럼 굳어져 있다면—, 그것은 이성적 존재가 진리를 받아들이는 방식이라 할 수 없다. 그것은 진리를 '아는 것'이 아니라, 단지 진리라는 이름에 우연히 달라붙은 또 하나의 미신에 불과하다.

인간의 지성과 판단력이 길러져야 한다면, 그 능력은 과연 어디에 가장 적절히 쓰여야 할까? 바로 자기 삶에서 가장 본질적인 문제들, 그리고 스스로 의견을 가질 필요가 있다고 여기는 주제들에서 발휘되어야 하지 않겠는가.

만일 '이해력을 기른다'는 것이 지적 수양의 핵심이라면, 그것은 곧 '자신의 신념이 어떤 근거 위에 서 있는지를 아는 것'이어야 한다. 사람들이 어떤 주제에 대해 믿음을 갖고 있다면, 그리고 그 주제가 '정확하게 이해하는 것'이 무엇보다 중요한 사안이라면, 적어도 자주 제기되는 반론 정도는 스스로 명확히 반박할 수 있어야 하지 않겠는가.

어떤 이들은 이렇게 반문할지도 모른다. "그렇다면 그들에게 자신의 의견이 어떤 근거 위에 서 있는지를 가르치면 되는 것 아닌가? 반대 의견을 들어보지 않았다고 해서, 그 생각을 무조건 앵무새처럼 반복하게 된다는 뜻은 아니지 않은가. 기하학을 배우는 사람들도 단순히 정리를 암기하는 것이 아니라 그 증명 과정을 함께 이해하며 익히지 않는가. 그 내용에 반론이 제기되지 않는다고 해서, 그것을 곧바로 맹목적 수용이라고 볼 수는 없지 않은가?"

그 말도 완전히 틀린 것은 아니다. 기하학처럼 틀린 쪽에 말할 여지가 거의 없는 분야라면 그러한 방식의 가르침도 충분히 효과적일 수 있다. 수학적 진리가 지닌 특수성은, 모든 논거가

한 방향으로만 흐른다는 점에 있다. 반론도 없고, 반론에 대한 반박도 존재하지 않는다. 하지만 의견이 갈릴 수 있는 대부분의 주제에서 진리는 '서로 충돌하는 근거들 사이에서 어떤 균형을 잡느냐'에 달려 있다.

심지어 자연철학의 영역에서도, 같은 사실을 설명하는 여러 이론은 언제나 존재할 수 있다. 태양 중심설이 등장하기 전에는 지구 중심설이 있었고, 산소 이론이 등장하기 전에는 플로지스톤설(Phlogiston theory, 물질이 연소할 때 그 안의 플로지스톤이라는 성분이 빠져 나간다고 설명한 17~18세기의 연소 이론—옮긴이)이 존재했다. 우리가 오늘날 '진리'로 받아들이는 이론들도, 과거의 대안들과 비교해 왜 더 설득력 있는지를 스스로 입증해 보여야 한다. 그 반박이 어떻게 가능한지를 이해하기 전까지는, 우리가 지닌 의견이 어떤 근거 위에 놓여 있는지를 정확히 안다고 할 수 없다. 하지만 우리가 도덕, 종교, 정치, 사회적 관계, 그리고 삶의 실질적인 문제들처럼 훨씬 더 복잡한 주제로 시선을 돌릴 경우, 논쟁이 벌어지는 거의 모든 의견의 논거는 겉보기에 타당한 반론들을 하나씩 제거하는 과정 속에서 더욱 분명해진다.

고대의 위대한 웅변가 중 한 사람인 키케로는 법정에서 성공하기 위해 자신의 주장을 준비하는 것만큼이나(어쩌면 그보다 더 깊이) 상대의 논리를 깊이 파고들었다고 전해진다. 키케로가 법정에서 쌓은 명성을 위해 실천한 바로 그 태도는, 진리를 탐구하고 좇는 모든 이들이 반드시 본받아야 할 사유의 자세다.

어떤 관점에 대해 자기 쪽 주장만 알고 있는 사람은 실제로는 그 입장에 대해서조차 제대로 알고 있는 것이 아니다. 자신의 논거가 아무리 훌륭해 보이고, 아무도 그것을 반박하지 못했다 하더라도, 정작 그 자신이 직접 반대 논거를 꺾어보지 않았거나, 심지어 그 논거의 내용이 무엇인지조차 모른다면 그는 어느 쪽 의견을 택해야 할지 판단할 아무런 토대와 근거를 갖고 있지 않은 셈이다.

상대방 주장을 경청하는 데서
진정한 이해가 시작된다

이성적인 태도란, 판단을 일시적으로 유보하며 충분히 숙고하는 자세를 말한다. 하지만 그 유보에 만족하지 못하고 성급히 결론을 내리려 한다면, 결국은 어떤 권위에 기대거나, 다수의 의견에 휩쓸릴 가능성이 커진다.

자신의 입장에 동조하는 사람의 해설만 듣고서는 반대 의견의 진의와 맥락을 온전히 이해할 수 없다. 대부분 그런 해설은 상대 주장을 축소하거나 왜곡된 방식으로 요약한 것에 불과하며, 그에 대한 반박 역시 진지한 논박이라기보다는 형식적인 대응에 그치기 쉽다.

중요한 것은, 그 입장을 실제로 믿고 진지하게 옹호하는 사람들의 목소리를 직접 듣는 일이다. 그들이 제시하는 가장 설득력 있는 형태를 통해, 자신의 주장이 마주해야 할 실질적 난점을 정면으로 마주해야 한다. 그러한 난관을 스스로 넘어보지 않고서는, 아무리 정교한 논리라 해도 그것이 자기 내면에서 진리로 자리 잡을 수는 없다. 백 명 중 아흔아홉 명이 비록 자신의 의견을 유창하게 말할 수 있을지라도, 실제로는 자기 신념을 깊이 있게 비판적으로 검토해본 적이 없는 경우가 대부분이다.

그들이 내린 결론이 우연히 옳을 수도 있다. 하지만 그것이 왜 옳은지, 또는 왜 틀렸을 수도 있는지를 알지 못한다. 자신과 다른 견해를 지닌 사람의 시선에서 사유해본 적이 없고, 그들이 제기할 수 있는 반론을 진지하게 상상하고 반추해본 경험도 없기 때문이다.

결국 그들이 신봉한다고 말하는 교리조차, 엄밀한 의미에서는 '이해했다'고 보기 어렵다. 그 교리를 구성하고 정당화하는 핵심 논점들을 제대로 알지 못한 채, 즉 겉보기에 모순되는 사실들이 어떻게 조화를 이루는지, 서로 충돌하는 두 논거 중 무엇을 선택하고 무엇을 포기해야 하는지에 대한 깊이 있는 분별 없이 그저 주장만 되풀이할 뿐이다.

진리를 구성하는 요소들 가운데서도, 사유의 균형을 잡아주고, 통찰력 있는 판단을 가능케 하는 결정적인 무게추 같은 요소들은 그들에겐 알려지지 않았다. 아니, 애초에 그런 요소들은 진정한 의미에서 접해본 적조차 없었다.

　양쪽 입장을 공정하게 숙고하고, 각 논거의 설득력을 가장 명료한 조건 아래에서 직면해본 사람만이 비로소 그 진실을 제대로 안다고 말할 수 있다. 도덕이나 인간에 관한 사유를 깊이 이해하고자 할 때, 이러한 사고 훈련은 절대적으로 필수적이다. 만약 중요한 진리들에 반대하는 목소리가 실제로 존재하지 않는다면, 그 반론을 직접 스스로 상상해내야 하며, 가능한 한 가장 노련한 '악마의 변호인'이 제시할 법한 가장 강력한 반대 논거까지 스스로 마련해봐야 한다.

모두에게 논의의 장이
열려 있어야 한다

'상대방 주장을 직접 듣고 마주해야 한다'는 논지를 약화시키려는 사람이라면, 아마 이렇게 반박할지도 모른다. "모든 사람이 철학자나 신학자처럼 자신의 의견에 대한 찬반 근거를 모두 알고 있을 필요는 없다." 또한 "평범한 사람이 재치 있는 상대가 내놓는 왜곡된 말이나 궤변을 일일이 반박할 능력을 갖출 필요는 없다"고 말할 것이다. 그는 그저 그런 주장들에 대응할 수 있는 사람이 어딘가에는 항상 존재하니, 순진한 이들이 잘못된 말에 속지 않도록 반박만 되어 있으면 충분하다고 생각한다. 즉 단순한 이들에게는 진리가 어떤 근거를 지니는지만 알려주면 되고, 나머지 복잡한 문제들은 권위자들에게 맡기면 된다고 여긴다. 그리고 그는, 사람들 대부분이 그런 난제를 스스로 해결할 수 없다는 사실을 인식하고 있기 때문에 이를 대신 해결해줄 교육받은 전문가들을 믿고 의지하는 것이 자연스럽다고 여긴다.

설령 어떤 사람이 진리를 이해하는 수준이 낮고, 그 정도면 충분하다고 여긴다 해도, 여전히 자유로운 논의는 반드시 필요하다. 그런 사람조차도, 반대되는 모든 의견이 충분히 검토되고 반박되었다는 합리적인 확신 없이는 진리를 온전히 받아들일 수 없기 때문이다. 반론이 세상에 드러나지도 않았는데, 그 주장에 대해 어떻게 제대로 반박할 수 있겠는가? 또한 반박이 충분한지 아닌지를 어떻게 판단할 수 있겠는가? 반대하는 이들에게 그것이 불충분하다고 보여줄 기회조차 주어지지 않는다면, 그 '충분함'이란 애초에 성립될 수 없다.

자유로운 논의가 사라지면
진리는 결국 죽는다

　자유로운 논의가 사라지면, 사람들은 자신이 가진 신념이 어떤 근거 위에 세워졌는지조차 알지 못하게 되는 일이 벌어진다. 그렇게 되더라도 그저 지적 결핍일 뿐이지, 도덕적 결함은 아니라고 여길 수도 있다. 즉 신념 자체가 인격 형성에 미치는 가치는 여전히 유지된다고 생각할 수도 있다는 뜻이다.

　그러나 실제로는 논의가 사라지면 그 신념의 근거뿐 아니라 의미 자체마저 희미해지는 경우가 적지 않다. 그 신념을 전달하던 언어는 더 이상 살아 있는 개념을 환기하지 못하고, 본래 담고 있던 의미 일부분만 희미하게 떠올릴 뿐이다. 깊은 이해와 자기 확신은 사라지고, 그 자리에 남는 것은 외워진 몇 마디 문구에 불과하다. 설령 의미가 일부 남아 있다 해도, 본질은 사라지고 껍데기와 흔적만이 맴돌게 된다. 비판 없는 신념이 어떻게 본질을 잃고 형식만 남게 되는지를 보여주는 이 역사적 경험은 인류가 결코 가볍게 넘겨서는 안 될 교훈이며, 이는 아무리 깊이 반복해 되새겨도 결코 지나치지 않다.

이 진실은 거의 모든 윤리 사상과 종교 교리의 역사 속에서 명백히 드러난다. 하나의 사상이 처음 제시되고 그 창시자와 직계 제자들에 의해 전파되던 시기에는, 그 사상은 깊은 의미와 강한 생명력을 지니며 살아 숨 쉰다. 다른 교리들과의 경쟁 속에서 그 사상이 우위를 점하려는 투쟁이 계속되는 동안에도 그 의미는 조금도 흐려지지 않으며, 오히려 더욱 또렷하게 의식되고 풍부하게 전개되기 마련이다. 하지만 마침내 그 사상이 널리 받아들여져 보편적 통념이 되거나, 혹은 확산이 멈추고 그동안 확보한 기존의 영향력만 유지한 채 더는 나아가지 못하게 되면, 그 주제를 둘러싼 논쟁은 서서히 열기를 잃어가다가 결국 자취를 감추게 된다.

처음에는 외부의 반박에 맞서 자신들의 신념을 방어하거나 그 신념으로 세상을 설득하려는 긴장감과 의지가 늘 깨어 있었다. 그러나 시간이 흐르면서 그 열정은 점차 사그라들고, 그들은 무기력한 수용의 태도로 안착하게 된다. 이제는 가능하다면 자신들이 따르는 주장을 향한 반론에는 귀를 닫고, 다른 견해를 지닌 이들에게도 굳이 그 의견의 정당성을 설득하려는 시도조차 하지 않게 된다. 대개 이 시점부터 그 사상이 지니던 생명력은 서서히 빛을 잃고 사그라들기 시작한다.

수많은 종파의 지도자들이 공통으로 토로하는 바는 하나다. 신자들이 겉으로는 진리를 받아들이고 있지만 그 진리가 마음 깊숙이 와닿아 감정을 움직이고, 삶을 이끄는 실제적 동력으로 작동하게 만드는 일은 지극히 어렵다는 점이다. 그 믿음이 단순한 명목상의 수용을 넘어 실제로 인간의 내면을 흔들고 행동을 변화시키는 '살아 있는 진실'이 되기까지는, 그 사이에 언제나 커다란 인식의 틈새가 존재한다.

그 신념이 여전히 사회적 저항과 논쟁의 중심에 있을 때는 '그 진리를 내면화하고 행동으로 실천하는 일이 어렵다'는 지적이 좀처럼 등장하지 않는다. 오히려 그 시기에는 신념의 기반이 약한 이들조차도 자신이 무엇을 위해 싸우고 있는지, 그리고 그 신념이 다른 사상들과 어떻게 구별되는지를 분명히 알고 실감한다. 이 시기에는 어떤 신념이든 그 핵심 원리를 다양한 사유의 틀 속에서 체계적으로 이해하고, 그 의미를 깊이 숙고하며, 그것을 철저히 내면화함으로써 그 신념이 인격에 미치는 영향을 온전히 체험한 사람들을 어렵지 않게 찾아볼 수 있다.

하지만 그 신념이 세습된 관념으로 굳어지고, 수동적으로 받아들여지게 되면, 사고의 힘을 자극하는 긴장감도 점차 사라진다. 그 결과 신념의 본래 의미는 점차 흐려지고, 형식만 남거나, 의식적으로 실감하지도 않고 삶 속에서 검증하려 들지도 않은 채 그저 무기력하고 습관적인 동의만이 뒤따르게 된다. 결국 그 신념은 인간 내면의 삶과는 거의 아무런 연결도 맺지 못하게 된다. 그리하여 오늘날처럼 이러한 현상이 만연한 시대에는, 신념이 마치 마음 바깥에 따로 존재하는 것처럼 정신을 굳게 둘러싸고 경직시켜 더 높은 차원의 자극이나 영향을 받아들이지 못하게 만든 사례들이 자주 목격된다.

그 신념은 이제 살아 있는 확신이 새롭게 스며드는 것을 가로막는 방식으로만 영향력을 발휘할 뿐, 정작 감정이나 사유에 어떤 생명력도 불어넣지 못한다. 오히려 정신과 심장을 텅 빈 채로 지키기만 하는 '무기력한 파수꾼'으로 남는다.

이러한 현상은 일반적으로 모든 전통적 관념에 해당한다. 도덕이나 종교는 물론이고 삶의 지혜나 처세에 관한 통념들에서도 마찬가지다.

모든 언어와 문학은 삶이란 무엇이며 어떻게 살아야 하는지를 다룬 보편적 통찰들로 가득하다. 이러한 말들은 누구나 알고 있고, 누구나 되풀이하거나 별생각 없이 받아들이며, 마치 당연한 진리처럼 여겨진다. 그러나 대부분의 사람들은 그 말들이 진정으로 무엇을 뜻하는지를 대개는 고통스러운 경험을 통해 그것이 현실이 되었을 때야 비로소 깨닫는다. 즉 사람들은 예기치 못한 불행이나 실망에 쓰라림을 겪는 순간, 평생 들어온 속담이나 흔한 격언 하나를 떠올리곤 한다. 그러면서 깨닫는다. 그 말의 뜻을 지금처럼 절실히 느꼈더라면, 그 재앙은 애초에 피할 수 있었을지도 모른다고.

  물론 이런 일이 오직 논의의 부재 때문만은 아니다. 직접적인 체험 없이는 그 의미를 온전히 체감할 수 없는 진실들도 분명히 존재한다. 하지만 그런 경우라 하더라도, 그 진실이 무엇을 의미하는지를 제대로 이해한 사람들에 의해 찬반 양쪽에서 자주 논박되는 것을 들으며 자라왔다면 어땠을까? 그 의미의 훨씬 더 많은 부분을 미리 이해할 수 있었을 것이며, 이해한 내용 또한 훨씬 더 깊고 견고하게 마음에 각인되었을 것이다.

반복이 아닌 반론을 통해
신념은 살아 숨 쉰다

어떤 생각이 더 이상 의심의 여지가 없다고 여겨지는 순간, 그 생각을 더는 의심하지 않으려는 인간의 본능적이자 치명적인 성향이 수많은 오류의 근본 원인이 된다. 어느 동시대 작가는 이를 가리켜 '확정된 의견이 빠지는 깊은 잠(the deep slumber of a decided opinion)'이라고 정확하게 표현했다.

하지만 그렇다면 다음과 같은 의문이 제기될 수 있다. "진정한 앎을 위해서는 반드시 '이의(異議)' 불일치가 전제되어야 하는가? 일부는 끝까지 오류에 머물러 있어야만 다른 이들이 진리를 체감할 수 있다는 말인가? 어떤 믿음도 그것이 널리 받아들여지는 순간부터는 진실되거나 생명력 있는 것이 아니며, 그 명제가 온전히 이해되고 실감 나기 위해서는 항상 일정한 의심이 남아 있어야만 한다는 말인가? 진리가 인류 전체에게 받아들여지는 순간, 그 진리는 인간 안에서 소멸하는 것인가?"

　인류 지성의 가장 고귀한 목표이자 최고의 성과는, 모든 중요한 진리를 더 많은 사람과 공유하게 되는 것이라 여겨져왔다. 그렇다면 지성은 목표를 이루는 순간 스스로 소멸하는가? 승리의 결실은 완전한 정복과 함께 곧 무너지게 되는 운명인 것인가?

　나는 결코 그런 주장을 하려는 것이 아니다. 인류가 지적으로 발전할수록, 더 이상 의심받지 않는 진리들은 계속 늘어날 것이고, 인류의 진보는 그러한 확고한 진리들이 얼마나 많고 얼마나 중요한가에 따라 가늠될 수 있다. 하나의 논제가 더는 논쟁의 대상이 아니게 되는 것은, 견해가 정립되어가는 과정에서 필연적으로 반드시 겪게 되는 일이다. 그것이 참된 것이라면, 단단히 자리 잡을수록 더 좋다. 그러나 만약 그 믿음이 틀린 것이라면, 그 단단함은 곧 재앙이 된다.

　의견의 다양성이 점차 좁아지는 현상은 피할 수 없을 뿐만 아니라, 어떤 의미에서는 불가피하고 필요한 과정이기도 하다. 그러나 그렇다고 해서, 그 모든 결과가 모두 바람직한 것은 아니다.

진리를 깊이 이해하게 되는 가장 강력한 계기 중 하나는, 그 진리를 누군가에게 설명하거나 반론에 맞서 방어할 때다. 이 긴장이 사라지는 것은, 아무리 그 진리가 널리 받아들여졌다고 해도 결코 가볍게 넘길 일이 아니다.

만약 반대자의 반론을 직접 마주할 수 없는 시대라면, 진리를 가르치는 사람들은 그 빈자리를 어떻게 메울지를 고민해야 한다. 학습자가 마치 눈앞에서 집요한 반론을 듣고 있는 것처럼, 진리의 의문과 복잡함을 정면으로 마주하도록 이끄는 장치가 필요하다. 생각을 멈추지 않게 자극하고, 불편함을 되살릴 수 있는 장치라면 충분하다.

그러나 우리는 지금, 그런 장치를 새로 고민하기는커녕 예전부터 갖고 있던 수단마저 잃어버린 시대를 살고 있다. 플라톤의 대화편에 생생히 담긴 '소크라테스식 문답법'이야말로 그 지적 긴장을 위해 고안된 가장 탁월한 도구였다. 소크라테스식 문답법은 한마디로 말해 "당신은 아무것도 모른다"는 사실을 정교하게 드러내는 기술이었다. 자신이 받아들인 신념이 무엇을 뜻하는지조차 모르고서 믿고 있는 이에게 그 무지의 민낯을 자각하게 만드는 것! 그래야만 비로소 의미를 진정으로 이해하고, 자신만의 근거를 붙들 수 있는 믿음이 시작될 수 있다.

중세의 학문 논쟁, 즉 스콜라 철학의 문답식 토론 역시 그 목적은 유사했다. 학생이 자신의 견해를 정확히 이해하고 있을 뿐 아니라, 그와 반대되는 견해 역시 논리적으로 파악하고 있는지를 점검하기 위한 것이었다. 더 나아가 자기 생각의 근거를 설득력 있게 펼치고, 반대 관점의 논리를 조리 있게 반박할 수 있어야만 비로소 하나의 사상을 제대로 이해한 것으로 여겨졌다.

중세 학문 논쟁에는 치명적인 결함도 있었다. 그 논의의 전제가 이성이 아니라 권위였다는 점이다. 그런 점에서 소크라테스학파의 날카로운 문답법과 비교하면, 정신을 단련하는 도구로는 훨씬 못 미쳤다. 그럼에도 불구하고 현대의 지성은 이 두 가지 전통에 커다란 빚을 지고 있다. 단지 그것을 인정하지 않을 뿐이다.

오늘날의 교육은 그 어떤 방식으로도 이 두 전통의 빈자리를 메우지 못하고 있다. 오직 책과 교사를 통해 배운 사람은 비록 지식의 깊이가 피상적인 수준을 넘어서 있다 하더라도, 반대 견해에 귀 기울여야 할 이유를 느끼지 못한다. 그래서 생각하는 사람들조차도 자기 입장과 반대 관점을 모두 아는 경우는 드물다. 누구나 자기 의견을 옹호할 때 가장 취약한 부분이 있는데, 그것은 바로 '반론에 대한 대답'이다.

　오늘날에는 '부정적 논리', 즉 어떤 이론의 허점을 짚거나 실천의 오류를 지적하되 그에 상응하는 긍정적 진리를 제시하지 않는 사고방식을 폄하하는 경향이 있다. 그런 비판이 그 자체로 목적에 머문다면, 그것만큼 허약한 것도 없을 것이다. 그러나 제대로 된 지식이나 신념에 이르기 위한 과정으로 본다면, 그 가치는 아무리 높이 평가해도 지나치지 않다. 그리고 사람들이 다시 이 '부정적 사고 훈련'을 체계적으로 받지 않는 한, 수학이나 자연과학 분야를 제외한 어떤 영역에서도 위대한 사상가가 나오기는 어렵고, 지적 수준의 평균 또한 낮은 상태에 머물 수밖에 없다.

　어떤 주제에 대해 누군가의 의견이 진정한 '앎'으로 불릴 자격을 가지려면, 그는 반드시 이 과정을 거쳐야 한다. 누군가의 강제에 의해서든, 아니면 자신의 힘에 의해서든, 반대자와 치열하게 논쟁하는 데 필요한 사고의 경로를 직접 통과해본 경험이 있어야 한다는 말이다. 그렇다면 그처럼 귀한 기회가 스스로 찾아올 때 그것을 외면하는 일은, 단순한 실수라기보다 비이성적이라고 말해야 마땅하다.

　누군가 통념에 맞서려 하고, 법과 여론이 허락하는 한 목소리를 낼 준비가 되어 있다면, 우리는 그런 이들의 존재에 기꺼이 감사해야 한다. 그들이야말로 사회가 스스로를 성찰하고 더 나아지도록 이끄는 숨은 동력이다.

그들의 말을 들을 줄 알아야 하며, 무엇보다 그들이 존재한다는 사실 자체를 다행으로 여겨야 한다. 그들은 우리가 신념을 진심으로 살아내고, 그 무게를 끝까지 견뎌보려 했다면 감당해야 했을 고된 수고를 묵묵히 대신 짊어진 이들이다.

의견 충돌이 만드는 균형이
곧 진리의 완성이다

이제 우리는 다양한 의견이 왜 유익한지에 대해, 또 하나의 핵심적인 이유를 짚어야 한다. 이 이유는 인류가 지금으로선 상상조차 하기 어려운 수준의 지적 단계에 이르기 전까지는 언제까지나 유효할 것이다.

지금까지 우리는 두 가지 가능성만을 살펴보았다. 하나는 통설이 틀리고 반대 견해가 옳은 경우였으며, 다른 하나는 통설이 옳더라도 그 진실을 명확히 이해하고 깊이 실감하려면 반대되는 오류와의 충돌이 필요하다는 경우였다.

하지만 실제로는 이 두 경우보다 훨씬 더 자주 마주치는 상황이 존재한다. 상반되는 주장들이 서로 전적으로 옳고 그른 것이 아니라 '각기 진리의 일부를 나누어 담고 있는 경우'다.

정설이 진리의 한 조각만을 담고 있다면, 그 나머지를 채우기 위해서는 비주류의 의견이 반드시 필요하다.

감각으로는 직접 확인할 수 없는 주제에 관해 대중이 받아들이는 통념은 대체로 일정 부분은 옳지만, 결코 완전한 진실은 아니다. 그것은 진리의 일부이긴 하나, 때로는 그 비중이 클 수도 작을 수도 있으며, 필연적으로 함께 놓였어야 할 다른 진리들과 단절되어 있거나, 과장되거나 왜곡된 형태로 존재하곤 한다. 반면 이단적 의견은 대체로 오랫동안 억압되고 외면되어온 진리의 한 조각이 마침내 속박을 뚫고 세상 밖으로 터져 나오는 것에 가깝다.

그러한 견해는 때로 기존 통념과의 조화를 시도하기도 하지만, 대체로는 정면으로 그것에 맞서며, 오직 자신만이 진실을 담고 있다고 믿는 이들에 의해 또 다른 배타적 진영이 형성된다. 지금까지는 이러한 대립 구도야말로 더욱 보편적인 전개 방식이었다.

인간의 정신은 언제나 한쪽으로 쏠리기 쉬웠고, 진실을 다각도로 바라보는 일은 좀처럼 드물었다. 그래서 사고의 흐름이 바뀌는 순간에도 진리는 온전히 드러나지 않는다. 그저 하나가 사라지면, 다른 하나가 대신 떠오를 뿐이다. 진보란 본래 기존의 진리에 새로운 무엇인가를 보태는 것이어야 하지만, 현실에서는 대부분 하나의 불완전한 진실이 다른 불완전한 진실을 대체하는 데 그친다. 그나마 이를 '진보'라고 부를 수 있는 점은, 새로 떠오른 진실이 그 시대의 필요에 더 절실하게 맞닿아 있다는 사실이다.

통념이 아무리 진실에 바탕을 두고 있다 해도, 그 성격은 본질적으로 편향적일 수밖에 없다. 그렇기에 통념이 놓치고 있는 진리의 일면을 담고 있는 의견이라면, 설령 그 안에 오류와 혼란이 뒤섞여 있더라도 하나의 소중한 진실로 존중받아야 마땅하다.

어떤 이가 우리가 미처 보지 못했던 진실을 환시시켰다면, 그가 이미 알려진 진실 중 일부를 놓쳤다고 해서 그 가치를 폄하해서는 안 된다. 사려 깊은 사람이라면, 그의 그런 불완전함에 분노하기보다는 그가 새롭게 드러낸 진실의 의미에 주목할 것이다.

사려 깊은 사람은 이렇게 생각할 것이다. 통념이 여전히 한쪽으로 기울어 있다면, 그에 맞서는 진리 역시 어느 한쪽에 기운 사람들에 의해 주장되는 편이 더 낫다고. 그런 사람들은 대체로 가장 열정적이며, 자신이 주장하는 진실을 전부인 양 내세우기 때문에 사람들이 외면하고 무시하던 진리의 일면에 마지 못해라도 시선을 돌리게 만든다.

정치에서 흔히 말하듯, '안정과 질서'를 중시하는 세력과 '개혁과 변화'를 추구하는 세력은 모두 건강한 정치에 꼭 필요한 구성 요소다. 특히 어느 한쪽이 '지켜야 할 것'과 '버려야 할 것'을 분별해 질서와 개혁을 함께 껴안을 수 있을 만큼 시야를 넓히기 전까지는 더욱 그렇다. 이 두 관점은 서로의 결핍을 보완하며 존재 의미를 얻는다. 그리고 둘 사이의 긴장이야말로 각 세력이 이성과 균형을 잃지 않도록 붙잡아주는 힘이다.

민주주의와 귀족주의, 재산권과 평등, 협력과 경쟁, 사치와 절제, 공동체성과 개별성, 자유와 규율 등 삶을 이루는 이런 상반된 가치들이 동등한 자유 속에서 표현되어야 한다. 그리고 이들 각각의 가치가 동일한 수준의 재능과 열의를 지닌 사람들에 의해 똑같은 힘으로 주장되고 지지받아야 한다. 그렇지 않다면 양쪽이 정당한 제 몫을 인정받을 길은 없다.

저울은 반드시 한쪽으로 기울기 마련이고, 다른 쪽은 그에 밀려나기 십상이다. 삶의 중요한 문제에서 진실이란, 서로 충돌하는 가치들을 얼마나 조화롭게 결합하느냐에 달려 있다. 그러나 그런 균형을 제대로 실현할 만한 넓은 시야와 공정한 판단력을 지닌 사람은 매우 드물다. 그래서 진실은 결코 조용히 드러나지 않는다. 서로 적대적인 깃발 아래 선 이들이 정면에서 충동할 때, 그 격돌의 한가운데에서 비로소 조금씩 실체를 드러낸다.

다수와 소수가 대립하는 논쟁이 있을 때, 특별히 보호받고 주목받아야 할 대상은 대개 소수다. 그들의 목소리는 동시대 사회에서 외면당한 이해와 감각, 그리고 삶의 한 자리를 얻지 못한 이들의 현실을 대변한다.

영국에서는 적어도 이러한 주제들에 대해 단지 서로 다른 견해를 가졌다는 이유만으로 누군가를 배척하거나 억압하는 일은 드물다. 그럼에도 이 사례들을 굳이 언급하는 까닭은 분명하다. 이미 수없이 확인된 사례들을 통해 입증된 한 가지 진실이 있기 때문이다. 지금의 인간 지성 수준에서는 진리의 모든 측면이 공정하게 다뤄지려면 서로 다른 의견들이 반드시 함께 존재해야 한다는 점이다.

겉으로는 모두가 같은 목소리를 내는 듯해도, 그 흐름을 거스르는 사람들이 존재한다면, 비록 다수가 옳다 하더라도 그 반대편에 선 소수의 이들 역시 귀 기울여야 할 진실의 단면을 품고 있기 마련이다. 그러니 그들의 침묵은 곧 진실의 한 조각이 사라지는 일이기도 하다.

인간의 이성이 본래 불완전한 이상, 진실은 오직 다양한 관점이 충돌해 맞부딪치는 자리에서만 온전히 드러난다. 안타까운 일이지만, 인간의 한계를 고려하면 오류를 완전히 피하기란 어렵다. 그럼에도 우리는 그 불완전함을 감내할 수 있어야 한다. 더 넓고 더 깊은 진리에 다가가기 위해 기꺼이 치러야 할 필연적이고 값진 대가이기 때문이다.

진리의 한 단면이 스스로를 전부인 양 내세울 때, 그에 맞서는 저항은 반드시 필요하며, 마땅히 일어나야 한다. 그 저항이 반작용의 힘에 이끌려 또 다른 편향으로 치닫는다 해도, 그 일면성은 아쉬운 일이지만 받아들일 수밖에 없다.

나는 어떤 의견이든 자유롭게 표현할 수 있는 환경이 조성된다 해도, 종교적 혹은 철학적인 분파주의의 폐해가 완전히 사라질 것이라고는 생각하지 않는다. 진리를 좁은 시야로 받아들이는 이들은, 그 하나의 진리에만 매달린다. 마치 세상에 다른 진리는 존재하지 않는 것처럼, 혹은 있다 하더라도 자신의 믿음을 조정하거나 제한할 수는 없다는 듯이 그들은 그 진리를 내세우고, 그것을 가르치고, 행동으로까지 옮긴다. 어떤 의견이든 분파적인 성향으로 흐르기 쉽다는 점은 부인할 수 없다. 아무리 논의가 자유롭게 허용된다 해도, 그런 경향이 사라지기보다는 오히려 더 자극되고 심화하는 때도 많다. 심지어 함께 성찰해야 할 진리조차, 그것이 '적대적 진영'의 입에서 나왔다는 이유만으로 더욱 완강히 거부되기도 한다.

의견이 충돌한다고 해서, 그 논쟁에 참여한 이들이 곧바로 이성을 되찾는 것은 아니다. 오히려 한 걸음 떨어져서 그 격돌을 지켜보는 이들이야말로, 그 충돌 속에서 더 깊이 생각하며 진실의 방향을 가늠하게 된다.

표현의 자유가 필수적인
네 가지 이유

　진리의 여러 측면이 충돌하는 것보다 더 두려운 일은, 그중 한쪽이 조용히 억눌리는 것이다. 사람들이 다양한 목소리에 귀를 기울일 수 있는 한, 언제든 다시 생각해볼 여지는 열려 있다. 하지만 하나의 입장만 들을 수 있는 환경에서는, 오류는 굳어져 편견이 되고, 진실마저 과장 속에서 그 본래의 힘을 잃게 된다. 게다가 한쪽 주장만이 제시된 상황에서는, 이를 공정하게 판단할 수 있는 지적 능력은 극히 드물다. 결국 진리가 제힘을 발휘하려면, 모든 의견이 제 목소리를 낼 수 있어야 한다.

　이제 인간의 행복을 위해 의견의 자유와 표현의 자유가 필수적임을 네 가지 이유를 통해 확인해보려 한다.

　첫째, 어떤 의견이 침묵을 강요당한다면 그것은 우리가 결코 확신할 수 없는 한 진실의 한 조각일 수도 있다. 그런 가능성을 애써 외면하는 순간, 우리는 우리 자신을 '결코 그릇될 수 없는 존재', 즉 무류성(infallibility)을 지닌 존재로 인정하는 셈이 된다.

둘째, 억눌린 의견이 설령 오류일지라도 그 속에는 흔히 진리의 한 조각이 섞여 있기 마련이다. 그리고 대체로 통설은 진리의 전모를 담고 있지 않기 때문에 반대 의견과의 충돌을 통해서만 그 결핍된 진실이 비로소 채워질 수 있다.

셋째, 어떤 의견이 참이며 진리의 전모를 담고 있다 해도, 그 사실만으로 안심해선 안 된다. 그 진리에 대해 누군가가 기꺼이 이의를 제기하고, 진지하고 힘 있게 맞서지 않는다면, 사람들은 그것을 살아 있는 진리가 아니라 그저 익숙한 생각쯤으로 받아들이게 된다. 이성적 근거는 희미해지고, 마음속 깊은 확신도 따르지 않는다. 결국 그 진리는 생명력을 잃고 굳어버린 편견으로 퇴화한다. 여기서 그치지 않는다.

넷째, 그 신념의 의미 자체가 점차 희미해지거나 무뎌질 위험도 크다. 그 결과 신념은 삶과 인격에 아무런 생생한 영향을 주지 못한 채 그저 형식적인 외침으로만 남는다. 선을 낳지도 못하면서 그 자리를 차지하고, 결국에는 이성과 경험을 통해 자라나야 할 진정한 확신의 싹을 질식시키고 만다.

자유로운 의견 표현과
공정한 토론의 경계

 의견의 자유에 관한 논의를 마무리하기에 앞서, 꼭 짚고 넘어가야 할 중요한 쟁점이 있다. 모든 의견은 표현될 수 있어야 하지만, 그 표현 방식이 절제되어야 하며 공정한 토론의 경계를 넘지 말아야 한다는 주장이다.

 이른바 '공정한 논의의 범위'를 어디에 두어야 할지 결정하는 일은 애초에 거의 불가능에 가깝다. 만약 표현의 한계를 판단하는 기준이 '상대가 불쾌해하는가'라면, 그 기준은 처음부터 자기모순에 빠진다. 실제로 경험이 보여주듯, 논지가 날카롭고 설득력이 있을수록 상대는 더 큰 불쾌감을 느끼기 마련이다. 논쟁에서 논리적으로 우위를 점하고 쉽게 반박할 수 없는 논리를 펴는 사람일수록, 감정을 드러내는 순간 '무례하다'거나 '과격하다'는 비난을 받게 된다. 결국 진지하고 진심 어린 열정조차 공격적으로 받아들여지는 것이다. 현실적 관점에서 본다면 이 또한 결코 가벼이 간과할 수 없는 문제다. 그러나 보다 근본적인 원칙 앞에서는 그 중요성조차 점차 퇴색된다. 아무리 옳은 의견이라 해도 그 표현 방식이 지나치게 거칠거나 경솔하다면 비판받는 것이 마땅하다.

다만 이러한 잘못이 실제로 있었는지를 가려내는 일은 절대 쉽지 않다. 상대가 무심코 본심을 드러내거나, 실언을 통해 자신의 허점을 스스로 드러내지 않는 이상, 그 책임을 명확히 입증하기란 거의 불가능하기 때문이다. 그중에서도 가장 중대한 잘못은 궤변으로 논리를 흐리거나, 불리한 사실과 논거를 고의로 숨기고, 사안의 핵심을 왜곡하거나 반대 관점을 오도하는 일이다. 그러나 이러한 행위조차, 심지어 가장 악의적으로 보이는 경우조차도, 놀랍게도 많은 이들에 의해 전적으로 선의로 자행된 것으로 간주되곤 한다. 그들은 무지하거나 무능하다는 평가를 받지도 않으며, 실제로 그럴 이유도 거의 없다. 따라서 이런 왜곡을 도덕적으로 공정하게 비난하려면 상당한 근거가 필요하며, 하물며 법이 이런 논쟁 속의 부정직함에 개입하는 것은 더욱 부당하다.

흔히 '과격한 논쟁'이라 불리는 표현들(예컨대 독설이나 빈정거림, 인신공격 등)에 대한 비판은, 그것이 양측 모두에게 공정하게 적용된다면 충분히 타당한 지적이다. 그러나 현실에서는 이런 표현을 자제하라는 요구가 대개 지배적 의견을 지지하는 쪽에서 나오며, 그 칼끝은 늘 이에 이의를 제기하는 쪽을 향한다. 반대로 지배적이지 않은 위치에서 독설이나 빈정거림, 인신공격 같은 표현을 사용한 경우에는, 그런 방식이 문제 삼아지기보다는 '정직한 열정'이나 '의로운 분노'로 포장되기 쉽고, 오히려 그로 인해 찬사를 받는 경우마저 많다. 이처럼 공격적 표현이 편파적이고 불공정하게 쓰일 때, 가장 깊은 피해를 입는 이들은 정작 제대로 반박할 여유조차 없는 사람들이다.

그리고 이런 방식이 낳는 불공정한 이득은 으레 다수의 의견에 힘을 더욱 키우는 데 쓰인다. 무엇보다도 이처럼 치우친 논쟁 속에서 범할 수 있는 가장 심각한 잘못은, 반대 의견을 지닌 사람을 '그릇된 존재'나 '도덕적으로 타락한 자'로 낙인찍으며 그 인격 자체를 훼손하는 데 있다.

이러한 중상과 비방은 특히 소외된 의견을 지닌 이들에게 더욱 가혹하다. 이들은 수적 열세에 놓여 있고, 사회적 영향력도 미미하며, 공정한 평가를 기대할 수 있는 조건조차 갖추지 못한 경우가 대부분이다. 반대로 지배적 견해에 이의를 제기하는 쪽은, 애초에 그런 방식의 공격을 사용할 수 있는 위치에 있지 않다. 그 무기를 손에 쥔다 해도, 자신을 지키는 데 도움이 되기보다 오히려 그 피해가 자신이 옹호하던 입장에 그대로 되돌아오는 경우가 많다.

대체로 통념에 반하는 의견은, 언어를 철저히 절제하고 불필요한 자극을 피할 때에야 비로소 조심스레 받아들여질 기회를 얻는다. 이 균형이 조금이라도 무너지면, 설득의 기반은 금세 흔들리고 만다. 반면 주류 의견을 지지하는 이들은 거친 비난조차 거리낌 없이 내뱉을 수 있고, 그러한 태도는 실제로 사람들이 반대 의견을 말하기 망설이게 만들고, 그 의견을 들으려는 시도조차 차단해버리는 결과를 낳는다.

그렇다면 진리와 정의의 관점에서 볼 때 우리가 진정으로 경계해야 할 것은 '비주류 의견을 향한 거친 언사'다. 논란이 되는 의견 가운데 어느 하나를 반드시 자제시켜야 한다면, 가장 먼저 멈춰야 할 것은 종교에 대한 비판이 아니라 오히려 기독교 신앙을 갖지 않은 이들을 향한 비난이다.

법과 권력은 어느 쪽의 의견이든 그 표현 자체를 억제할 권한이 없다. 판단은 언제나 구체적이고 개별적인 맥락에 따라 이루어져야 하며, 그 사람이 '어떤' 주장을 펼치느냐보다 '어떻게' 주장하느냐가 더 중요하다. 어느 입장에 있든, 그 말하는 방식 속에 불성실함이나 악의, 편협함이나 독선이 드러난다면 비판받아 마땅하다. 그러나 그러한 결함은 의견의 방향이 아니라 태도와 언행을 통해 판단되어야 한다. 단지 우리와 다른 생각을 가졌다는 이유만으로 그 사람의 인격까지 섣불리 단정해서는 안 된다.

반대로, 자신과 다른 의견조차 차분히 이해하려 노력하고, 상대의 입장을 정확히 서술하며, 불리한 점을 부풀리지 않고, 유리한 부분은 솔직히 인정할 줄 아는 사람이라면, 그가 어떤 처지에 서 있든 마땅한 존중을 받아야 한다. 이것이야말로 공적인 토론이 지녀야 할 진정한 윤리다.

물론 이 원칙은 현실에서 자주 어겨진다. 그런데도 불구하고 이 원칙을 실제로 지키는 이들이 결코 적지 않다는 점, 그리고 그보다 더 많은 이들이 이 윤리에 진지하고 성실히 다가서려 애쓰고 있다는 사실은 분명 희망적이다.

On liberty

4장

인간의 개성이야말로 왜 자유의 본질이 되는가?

"지금, 이 장은 나와
어떤 관련이 있는가?"
_____

1. 철학적 요점 정리
- 자유로운 사회는 단지 억압이 없는 상태를 넘어, 개인의 개성이 살아 숨 쉬는 사회여야 한다고 밀은 강조합니다.
- 개성은 인간의 행복과 사회의 발전 모두에 기여하는 창조적 원천입니다.

2. 사회적 적용 및 현실 연결
- 획일적 교육, 취향 강요, 문화 산업의 규격화는 개성의 적입니다.
- 창조성과 다양성은 단지 문화적 가치가 아니라 도덕적·정치적 토대임을 밀은 강조합니다.
- 독자는 이 장을 통해 '남과 다르게 살 자유'와 '실패할 자유' 없이는 진정한 자유가 성립할 수 없다는 점을 되새기게 됩니다.

표현의 자유는
실천의 자유로 이어져야 한다

　'인간이 자유롭게 의견을 형성하고, 이를 거리낌 없이 표현할 수 있어야 한다'는 점은 앞에서 충분히 살펴보았다. 이러한 자유가 보장되지 않는다면, 인간의 지성이 위축되면서 도덕적 자아 또한 필연적으로 손상될 수밖에 없다.

　이제 우리가 따져볼 것은, 이 자유가 단지 사유하고 말하는 데 그치는 것이 아니라, 자신의 신념을 실제 삶에서 실천할 자유로까지 확장되어야 하느냐는 문제다. 곧, 한 사람이 자신의 신념에 따라 살아갈 수 있어야 하며, 그로 인한 결과가 오로지 자신에게만 돌아가는 한 타인으로부터 물리적이든 도덕적이든 어떤 간섭도 받아서는 안 된다.

　앞서 언급한 전제는 결코 간과되어서는 안 된다. 행동이 의견만큼 완전히 자유로워야 한다고 주장하는 사람은 거의 없다. 실제로 오히려 어떤 경우에는, 의견조차도 그것이 표현되는 방식이나 맥락에 따라 책임을 져야 할 수 있다.

예를 들어, '곡물상은 가난한 이들을 굶주리게 만든다(곡물법은 곡물 수입을 제한하고 국내 곡물 가격을 높게 유지하려 했던 법이다. 이로 인해 곡물상이 가격을 조작하거나 독점해 빈곤층이 곡물을 살 수 없게 되었다는 비판이 제기되었고, 당시 급진적 사상가들은 곡물상을 '가난한 사람들을 굶게 만드는 자'로 묘사했다―옮긴이)'라거나 '사유재산은 도둑질이다(19세기 프랑스의 아나키스트 사상가 피에르-조제프 프루동의 유명한 선언이다. 그는 지주나 자본가가 노동 없이 부를 소유하는 구조를 비판하며, 노동 없이 얻은 이윤, 즉 착취 구조 속에서의 소유는 본질적으로 불의하며 '도둑질'과 다름없다고 간주했다―옮긴이)'라는 주장 자체는, 단순히 출판물을 통해 유포되는 한 제약을 받아서는 안 된다. 하지만 그 주장이 흥분한 군중 앞에서 공개적으로 외쳐지거나, 곡물상의 주택 앞에 모인 사람들에게 선동적인 전단으로 배포된다면, 그 표현은 마땅히 사회적 제재를 받을 수 있다.

어떤 종류의 행위이든 정당한 이유 없이 타인에게 해를 끼친다면, 사회는 이를 비판하고 제재할 수 있어야 한다. 그리고 그 해악이 중대한 수준이라면, 단순한 비판을 넘어 적극적으로 사회적 개입이 반드시 뒤따라야 한다.

개인의 자유는 오직 한 가지 조건 아래에서만 제한될 수 있다. 그것은, 타인에게 해를 끼치는 방식으로 자신의 자유를 행사해서는 안 된다는 점이다. 하지만 다른 사람에게 피해를 주지 않고, 오로지 자신과 관련된 일에 대해 자신의 판단과 의지에 따라 스스로 행동한다면, 그 결과가 자신에게만 돌아가는 한 그 자유는 온전히 보장되어야 한다.

'의견이 자유로워야 한다'는 주장은, 그 의견을 행동으로 옮길 자유 또한 보호받아야 함을 의미한다. 인간은 결코 오류로부터 완전히 벗어날 수 없으며, 사람들이 진리라고 믿는 것들 역시 대부분은 진실의 단편에 불과하다.

서론 상반된 견해들 사이의 충분하고 자유로운 비교 없이 이루어진 의견의 일치는 위험하며, 의견의 다양성은 해악이 아니라 오히려 하나의 사회적 가치다. 그리고 이 원칙은 단지 사고나 표현의 자유에만 적용되는 것이 아니다. 인간의 삶의 방식과 구체적인 실천에도 똑같이 적용되어야 한다.

인간은 아직 진리의 모든 측면을 온전히 파악하지 못한다. 그렇기에 다양한 실천과 시행착오를 통해 조금씩 진실에 다가가는 길 외에 다른 길은 없다. 인간이 완전하지 않은 이상, 다양한 의견이 공존하는 것은 사회의 건강성을 유지하는 필수 조건이다. 삶의 방식 또한 하나로 획일화되어서는 안 되며, 다양한 형태의 실천이 자유롭게 시도될 수 있어야 한다.

   타인에게 해를 끼치지 않는 한, 각기 다른 성격과 기질은 아무 제약 없이 펼쳐질 수 있어야 한다. 누구든 자신이 옳다고 믿는 삶을 실제로 살아보고, 그 안에서 그 가치가 실현되는지를 스스로 입증할 기회를 가져야 한다. 요컨대, 타인의 권리를 침해하지 않는 한에서 개성이 자유롭게 드러나는 것, 바로 그것이야말로 인간 존재의 풍요로움이 시작되는 지점이다.

한 사람의 개성은
그 자체로 고유한 가치를 지닌다

삶의 방향이 개인의 내면이 아닌 사회의 전통이나 관습에 의해 결정될 때, 인간 행복을 이루는 핵심 요소 중의 하나가 결여된다. 그리고 바로 그 요소, 즉 자신의 삶을 선택하고 책임지는 자유는 개인의 성숙은 물론 사회가 진보할 수 있게 하는 본질적인 토대이기도 하다.

이 원칙을 실현하는 데 있어 가장 큰 걸림돌은 그것을 어떻게 구현할지에 관한 기술적 논의가 아니다. 정작 더 본질적인 문제는, 많은 이들이 그 목표 자체에 별다른 관심이 없다는 데 있다.

'개성의 자유로운 발현이 인간 행복의 핵심'이라는 인식이 자리 잡는 순간, 지금 우리 앞에 놓인 수많은 문제는 훨씬 더 쉽게 이해되고, 훨씬 더 자연스럽게 풀릴 것이다. 개성은 문명이나 교육, 교양과 나란히 놓일 개념이 아니라 그 모든 것을 가능하게 만드는 조건이자 출발점이다. 그렇게 본다면 자유가 과소평가될 일도 없고, 개인의 자유와 사회적 규율 사이의 균형을 잡는 일 역시 그리 어려운 과제가 되지는 않을 것이다.

문제는, 일반적인 사고방식 속에서 '개인의 자발성(individual spontaneity)'이 그 자체로 고유한 가치를 지닌다는 인식이 거의 존재하지 않는다는 점이다. 대다수의 사람들은 지금의 삶의 방식에 대체로 만족한다(그도 그럴 것이, 지금의 사회를 만든 주체가 바로 그들이기 때문이다). 그래서 자신들에게 익숙한 삶의 방식이 다른 누구에게도 충분히 적합할 것이라도 믿는다. 심지어 사회적·도덕적 개혁을 추구하는 사람들조차 '자발성'을 자신들이 설계한 이상 속에 포함시키려 하지 않는다. 그들에게 있어 자발성이란, 자신들이 옳다고 믿는 질서를 모두가 자연스럽게 받아들이는 데 걸림돌이 되는 '다루기 까다로운 존재'다. 심지어 때로는 그 질서에 균열을 일으키는 불온한 기미로까지 비춰지기도 한다.

관습대로만 사는 삶에는
'나만의 선택'이 없다

　독일을 제외하면, 빌헬름 폰 훔볼트(Wilhelm von Humboldt, 19세기 초 독일의 철학자이자 언어학자로, 인간 발전과 자유의 중요성에 대한 깊은 통찰을 제시한 인물—옮긴이)의 사상의 진의를 제대로 이해하는 이는 드물다. 그는 학문과 정치라는 두 영역에서 모두 탁월함을 보여준 인물로, 다음과 같은 신념을 사유의 중심에 두었다.

　"인간이 추구해야 할 목적은 순간적인 욕망이 아니라, 영원하고 변함없는 이성의 명령에 따라 자신의 능력을 완전하고 조화로운 전체로 발전시키는 데 있다. 그러므로 모든 인간은 끊임없이 자기 삶의 개성과 가능성을 실현하는 데 힘써야 하며, 특히 타인에게 영향력을 행사하고자 하는 이들이라면 '인간 개성과 내면의 성장'이라는 이 목표에서 시선을 거두는 일은 결코 없어야 한다. 그것이야말로 사람을 사람답게 만드는 진정한 힘이기 때문이다."

이를 위해 필요한 것은 두 가지, 즉 '자유'와 '다양한 경험'이다. 이 두 요소가 결합할 때, 개인의 활력이 깨어나고 삶의 양상이 다채롭게 펼쳐지며, 그 결과 '독창성(originality)'이 자연스럽게 솟아난다.

훔볼트의 사상은 많은 이들에게 낯설고 생소하게 느껴질 수 있으며, 개성에 이처럼 높은 가치를 부여하는 일 역시 의외로 비칠 수 있다. 그러나 정작 핵심은 개성을 어디까지 인정하고 어떤 방식으로 존중할 것인가에 달려 있다.

그 누구도 '의미 있는 삶이 남을 따라 하는 데서 완성된다'고 생각하지는 않을 것이다. 삶의 방식이나 일상의 선택 속에 자신만의 판단과 개성이 어느 정도 스며드는 것은 너무도 자연스럽다. 그러나 그렇다고 해서, 세상에 이미 축적된 지혜와 경험이 아무 의미도 없다는 듯이 '과거로부터 아무것도 배우지 않고 살아가야 한다'고 말할 수는 없다. 어떤 삶의 방식이나 행동이 더 바람직한지에 대해서는 인류가 이미 오랜 세월에 걸쳐 수많은 통찰을 쌓아온 바 있다.

젊은 시절, 인류가 축적해온 경험의 결실을 배우고, 그로부터 유익을 얻도록 교육받아야 한다는 데에는 이견이 없다. 그러나 인간이 지적으로 성숙한 단계에 이르렀다면, 그 경험을 수동적으로 받아들이는 것을 넘어 자기 삶의 맥락 속에서 새롭게 해석하고 능동적으로 활용할 수 있어야 한다. 어떤 경험이 자신의 성향과 현실에 진정으로 적용될 수 있는지는, 결국 스스로 분별하고 판단해야 할 몫이다.

타인의 전통과 관습은 어디까지나 그들의 삶을 통해 얻은 경험의 반영이며, 그런 점에서 일정 부분 존중받을 근거가 된다. 그러나 그 경험은 때로 지나치게 제한적일 수 있고, 설령 충분하더라도 그것이 올바르게 해석되지 않았을 가능성 또한 배제할 수 없다.

또한 그들이 경험을 올바르게 해석했다고 하더라도, 그것이 해당 개인에게 꼭 들어맞는다는 보장은 없다. 관습은 대개 전형적인 환경과 전형적인 성격을 바탕으로 형성되지만 모든 사람이 그 틀 안에 들어맞는 것은 아니다. 어떤 이의 삶의 조건이나 기질은 애초에 그 범주를 벗어나 있을 수 있다.

더욱이 아무리 어떤 관습이 옳고 또 어떤 이에게 잘 맞는다 해도, 그것을 단지 '관습이니까'라는 이유로 따르기 시작하는 순간 우리는 생각하고 판단하며 스스로를 길러낼 수 있는 인간 고유의 능력을 스스로 외면하는 셈이 된다. 지각, 판단, 분별력, 사고의 활력, 그리고 도덕적 취향에 이르기까지 인간의 모든 정신적 능력은 오직 '선택'을 통해서만 단련된다.

하지만 관습에 따라 무심코 살아가는 삶에는 '선택'이 존재하지 않는다. 무엇이 최선인지 분별하는 감각도, 그것을 진심으로 열망하는 능력도 그 안에서는 자라나지 않는다.

정신적·도덕적 능력 또한 근육과 마찬가지로 사용될 때에만 단련된다. 남들이 하니까 따라서 행동하고, 남들이 믿으니까 따라서 믿는 태도 속에서는 어떤 능력도 자극받지 않는다.

한 개인이 어떤 의견을 받아들일 때 그 근거가 자신의 이성으로 충분히 이해되지 않는다면, 그 사람의 이성은 단련되기는커녕 오히려 약화될 가능성이 크다. 또한 어떤 행위의 동기가 개인의 감정과 성향에 부합하지 않는다면(단, 애정이나 타인의 권리가 관련된 경우는 제외하고), 그런 행위는 내면의 감수성과 품성을 더욱 깊고 활기 있게 만드는 것이 아니라 점차 무디고 무기력하게 만든다.

자기 삶의 방향을 세상이나 주변 환경이 대신 정하도록 내맡기는 사람에게 요구되는 능력은, 그저 모방에 가까운 본능적 수용력뿐이다. 반대로 삶의 방향을 스스로 선택하는 사람은 인간 고유의 모든 정신적 역량을 총동원하게 된다. 그는 관찰을 통해 현실을 이해하고, 이성과 판단력으로 앞날을 내다보며, 결정을 위해 필요한 정보를 모으고, 그 안에서 분별하고 선택하는 과정을 수행해야 한다. 그리고 일단 선택을 내렸다면, 끝까지 그 선택을 지켜내기 위해 단호함과 자기 절제가 뒤따라야 한다. 이러한 자질은, 삶의 방향을 자신의 판단과 감정에 따라 스스로 결정할 수 있는 폭이 넓을수록 더 깊이 요구되며, 더욱 온전히 발휘된다.

물론 타인의 이끌림 속에서 무난한 길을 따르며, 큰 위험 없이 살아가는 것도 가능하다. 그러나 그런 삶에는 인간 고유의 능력이 자라날 여지가 없다. 스스로 사고하고 선택하며 책임지는 힘, 바로 그 본질이 모자라기 때문이다.

그러나 그런 방식으로 살아가는 사람이 인간으로서 어떤 가치를 지니는지는, 과연 어떻게 평가할 수 있을까? 진정으로 중요한 것은 행위 그 자체보다 그 행위를 통해 드러나는 인간의 깊이와 품격이다. 인간의 삶이 힘을 다해 가꾸고 완성해야 할 수많은 대상 가운데 가장 근본적이며 우선되어야 할 존재는 바로 인간 자신이다.

만일 집을 짓고, 곡식을 재배하고, 전쟁을 치르고, 재판을 진행하고, 심지어 예배당을 세우고 기도까지 올리는 일까지 이 모든 것이 인간의 형상을 한 기계, 즉 자율성과 개성이 제거된 '기계적인 인간(automaton)'에 의해 가능하다고 가정해보자. 그렇다 하더라도, 오늘날 문명화된 세계에 사는 남녀들(비록 그들 역시 자연이 만들어낼 가능성에 비교하면 지극히 미약한 존재에 불과하더라도)을 이 기계 인간들과 바꾸는 일은 분명히 심대한 손실이 될 것이다.

인간의 본성은 일정한 설계도에 따라 조립되고, 정해진 일을 수행하도록 설정된 기계가 아니다. 그것은 오히려 나무와 같아서, 그 안에 깃든 생명의 힘에 따라 사방으로 뻗고 자라며 스스로를 완성해 나가는 존재다.

인간을 인간답게 만드는 핵심은, 이성만이 아니라 욕망과 충동이다

 각자가 자신의 이성으로 사고하고 판단하는 것이 바람직하다는 데에는 대체로 이견이 없다. 관습을 따르는 것 자체가 문제가 되는 것은 아니다. 다만 그것이 사려 깊은 판단에 기반을 둔 자율적 선택이라면, 그 행위는 충분한 정당성을 지닌다. 오히려 어떤 경우에는 그러한 판단에 따라 관습에서 벗어나는 행위가 관습을 비판 없이 따르는 기계적 순응보다 더 바람직하게 여겨지기도 한다.
 사고하고 이해하는 능력이 일정 부분 각자의 몫이라는 점은 대체로 수용되고 있다. 그러나 욕망과 충동에 대해서는 그러한 인식이 쉽게 확장되지 않는다. 뚜렷한 욕망이나 분명한 충동을 지닌 사람은 여전히 불안한 존재로 여겨지곤 한다. 이러한 내면의 힘이 인간다움의 본질로 받아들여지기까지는, 사회의 시선이 좀처럼 너그러워지지 않는다.

　욕망과 충동 역시 믿음이나 절제처럼 인간을 인간답게 만드는 핵심 요소다. 그것들이 위험한 이유는 그 자체가 과해서가 아니라 삶의 균형 속에서 제자리를 잡지 못할 때다. 특정한 욕망이나 성향만이 과도하게 강화되고, 그것과 균형을 이루어야 할 다른 내면의 요소들이 제대로 성장하지 못할 때, 인간은 내면의 조화를 잃고 결국 삶의 방향을 잃는다. 즉 사람이 잘못된 행동을 하는 이유는 욕망이 지나치게 강해서가 아니라 그에 상응하는 양심과 성찰이 부족하기 때문이다.

　강한 충동은 다름 아닌 에너지의 또 다른 이름이다. 에너지는 잘못 쓰일 위험도 있지만, 무기력하고 무감각한 기질보다는 언제나 더 많은 가능성을 품고 있다. 풍부한 감성을 지닌 이들은 그 감정이 올바르게 다듬어질 때 가장 단단하고 깊이 있는 내면을 지닌 존재로 완성된다. 개인의 충동을 강렬하고 생생하게 만드는 예민한 감수성은 가장 깊은 도덕적 열정과 가장 단단한 자기 절제의 원천이 되기도 한다.

　이처럼 강한 내면의 힘이 제대로 길러질 때, 사회는 비로소 그 책무를 다하며, 공동의 이익 또한 지킬 수 있다. 위대한 인물을 만들어내는 본성과 기질이 분명히 존재한다면, 사회는 그것을 어떻게 끌어내고 세워 나갈 것인지에 대해 책임 있게 응답해야 한다. 다룰 방법을 모른다는 이유로 그 가능성을 애초에 외면해서는 안 된다.

자신의 본성에서 비롯된 욕망과 충동을 자기 삶과 수양을 통해 다듬어낸 사람은 '인격(character)'을 지닌 존재라 할 수 있다. 반대로 욕망과 충동조차도 자신의 것이 아닌 사람, 즉 그것마저 타인의 기대나 외부의 압력에 따라 작동하는 사람에게는 진정한 인격이 없다. 이는 마치 스스로 움직이지 못하는 기관차에 인격이 없는 것과 같다. 욕망과 충동이 자기 본성에서 비롯되고 강한 의지의 통제 아래 놓여 있는 사람은 '강건한 인격(energetic character)'을 지닌 사람이라 할 수 있다.

개인적 충동과 선호가
점점 결핍되어가고 있다

　욕망과 충동의 개성이 드러나는 것을 바람직하지 않다고 여기는 사람들도 있다. 만약 '욕망과 충동의 개성은 억제되어야 한다'고 생각한다면, 그 생각은 다음과 같은 세 가지 전제를 함의하게 된다.
　첫째, 사회는 강한 기질을 지닌 사람을 필요로 하지 않는다. 둘째, 인격이 뚜렷한 사람들이 많다고 해서 사회가 더 나아지는 것도 아니다. 셋째, 구성원들의 에너지 수준이 높아지는 일조차 바람직하지 않다.
　초기 사회 가운데는, 개인의 자발성과 개성이 사회가 그것을 통제하거나 조율할 수 있는 능력을 훨씬 앞질렀던 시기가 있었다. 개인의 자율성이 지나치게 주목받았던 그때, 사회적 질서는 그에 맞서 균형을 유지하기 위해 끊임없는 긴장과 갈등을 감내해야 했다.

그 시기의 사회가 마주한 핵심 과제는, 강한 신체나 정신을 지닌 이들이 자기 충동을 스스로 절제하며 살아가도록 유도하는 일이었다. 이를 위해 사회는 법과 규율을 앞세워 인간의 삶 전반에 깊숙이 개입하게 된다. 성품을 다스리기 위해서는 삶 전체를 통제해야 한다고 여겼기 때문이다. 사회는 아직 인격을 조율할 보다 섬세하고 지속 가능한 방식을 마련하지 못한 상태였다. 그리고 마침내 이제 사회는 개성 위에 확고히 우위를 점하게 되었다.

오늘날 인간성을 위협하는 것은 개성과 자발성이 과도하다는 점이 아니다. 오히려 문제는 개인적 충동과 선호가 점점 결핍되어가고 있다는 데 있다.

한때는 지위나 자질이 뛰어난 이들이 법과 규범에 끊임없이 저항하며 살아가던 시기가 있었다. 그들의 충동을 엄격히 억누르지 않으면, 주변 사람들의 최소한의 안전조차 보장받을 수 없었다. 그러나 지금은 상황이 완전히 달라졌다. 사회의 가장 높은 계층에서부터 낮은 계층에 이르기까지 누구나 마치 적대적인 감시자의 시선 아래 놓인 듯 살아가고 있다.

오늘날 사람들은 타인과 관련된 문제뿐 아니라 오직 자신이나 가족만을 위한 문제조차 다음과 같은 질문을 스스로에게 던지지 않는다.

"나는 무엇을 진정으로 원하는가?"

"어떤 선택이 나의 성향과 기질에 가장 자연스럽게 맞닿아 있는가?"

"어떤 길이 내 안의 가장 고귀한 가능성을 온전히 펼치게 하며, 그것이 나라는 존재가 자연스럽게 성장하고 깊어지도록 이끌 수 있을까?"

대신 오늘날 사람들이 자신에게 던지는 질문은 이제 이런 것들이다.

"내 처지에 걸맞은 것은 무엇인가?"

"나와 비슷한 지위나 경제적 여건을 지닌 사람들이 보통 어떻게 살아가는가?"

"나보다 더 높은 지위와 조건을 지닌 사람들은 대체 어떻게 살아가는가?"

사람들이 관습을 따르는 이유는 그것이 자신의 기호보다 낫다고 판단해서가 아니다. 애초에 관습 외의 다른 가능성을 떠올리는 일 자체가 드물다. 그들의 욕망은 이미 관습에 깊이 스며들어 있으며, 그 밖의 무언가를 원할 수 있다는 생각조차 떠올리지 못한다.

결국 인간의 정신은 스스로 관습의 멍에에 굴복하게 된다. 심지어 즐거움을 누릴 때조차 사람들은 남들의 시선에 어떻게 비칠지부터 먼저 생각한다. 사람들은 무리 속에서 살아가며, 대개 대다수가 선택하는 것들 중에서만 행동을 선택하려 한다. 그러다 보니 취향의 개성이나 행동의 특이함은 마치 범죄처럼 기피된다.

그렇게 자신의 본성을 따르지 않는 삶이 계속되면, 마침내 따를 본성 자체가 사라진다. 인간은 내면의 가능성을 키우지 못한 채 메말라가고 왜소해지며, 강한 열망과 자기만의 기쁨도 느낄 수 없게 된다. 그 결과, 스스로 길러낸 의견이 없이, 자신에게서 비롯된 감정도 없이 살아가게 된다. 이것을 과연 인간다운 삶이라 부를 수 있을까?

서로 다른 삶을 살아갈 자유가 보장되어야 한다

 인간이 숭고하고 아름다운 존재로 거듭나는 길은, 개별성을 지우고 획일성에 순응하는 데 있지 않다. 오히려 타인의 권리와 이익이 허용하는 한도 안에서 자기 안의 고유한 성향을 갈고닦아 펼쳐낼 때, 비로소 인간은 깊은 존중과 성찰의 대상이 된다.
 내면을 갈고닦은 이의 삶은 그만큼 풍성하고 다채로운 결을 품게 된다. 그로써 고귀한 사유와 고양된 감정을 위한 토대가 마련되고, 각 개인은 인류 전체와의 유대를 더욱 깊이 자각하게 된다. 그렇게 인류는 '그 일원이 된다'는 사실만으로도 자부심을 느낄 수 있는 공동체로 거듭난다.
 개성이 온전히 발달할수록, 각자는 자신에게 더욱 소중한 존재가 된다. 또한 그만큼 타인에게도 더 깊이 이바지할 수 있는 존재가 된다. 한 사람의 삶이 더 깊어지고 충만해질수록, 그런 개인들로 이루어진 공동체 또한 더욱 풍요롭고 생기 있는 모습으로 발전해간다.

인간 본성이 강하게 드러날 때, 타인의 권리를 침해하지 않도록 일정한 제약은 불가피하다. 그러나 인간성을 깊이 있게 성장시키는 관점에서 보자면, 그 제약은 오히려 정당한 의미와 가치를 지닌다. 타인에게 해를 끼치며 자신의 욕망을 충족하려 할 때, 그로 인해 얻는 개인의 발전은 본질적으로 타인의 성장과 존엄을 희생한 결과일 뿐이다.

이기적인 욕망을 스스로 절제할 수 있을 때, 그것은 단지 타인을 위한 배려로만 끝나지 않는다. 오히려 그런 절제를 통해 우리는 타인과 함께 살아가는 존재로서의 깊은 성숙에 이르게 된다. 타인의 권리를 존중하고 정의의 기준을 지켜나가는 경험은 타인을 향한 공감과 책임, 그리고 더 나은 인간성을 기르는 밑거름이 된다. 타인의 선에 아무런 해를 끼치지 않는 일조차 단지 불쾌감을 이유로 억제된다면, 그로부터 얻어낼 만한 진정한 가치는 거의 없다. 다만 그런 억제에 맞서 스스로를 지켜내려는 단단한 성품만이 드물게 남을 뿐이다.

각자의 본성이 온전히 피어나기 위해서는 '서로 다른 삶을 살아갈 수 있는 자유'가 반드시 보장되어야 한다. 그리고 이러한 자유가 활발히 허용된 시대일수록 후대의 기억 속에서도 특별한 빛을 발해왔다. 전제 정치조차 개인의 개성이 살아 있는 한 그 해악이 가장 극단적인 형태로까지는 드러나지 않는다. 그러나 개인의 개성을 짓밟는 순간, 그것이 신의 뜻을 내세우든 인간의 명령을 따르든, 이름이 무엇이든 결국 전제 정치로 귀결된다.

개성이 곧 인간 발달이며, 오직 개성의 함양을 통해서만 제대로 성장한 인간이 만들어질 수 있다는 점을 확인했으니, 이제 논의를 마쳐도 좋을 것이다. 어떤 사회 조건이 인간을 최고의 경지로 이끈다면, 그것보다 더 높은 평가는 있을 수 없다. 또 어떤 악이 인간의 발전을 가로막는다면, 그것보다 더 가혹한 비판도 없을 것이다.

이 정도 이야기만으로는, 가장 설득이 필요한 이들의 마음을 쉽게 움직일 수 없을 것이다. 그렇기에 논의를 한층 더 깊이 이끌어야 한다. 온전히 발달한 인간이 아직 성장하지 못한 이들에게도 실질적 의미를 지닐 수 있음을 보여주어야 하고, 자유를 원하지 않는 이들에게는 타인의 자유를 존중하는 일이 결국 자신에게도 이익이 된다는 사실을 깨닫게 해야 한다.

소수의 천재성이
자유롭게 발휘되어야 한다

　무엇보다 먼저 짚고 싶은 것은, 그들로부터 배울 가치가 분명히 있을지도 모른다는 사실이다. 인간 사회에서 '독창성'의 중요성을 의심할 사람은 거의 없을 것이다. 우리는 언제나 새로운 진리를 발견하고, 한때 진리로 여겨졌던 것들이 더 이상 진리가 아님을 밝혀내며, 더 나은 길을 제시하고, 인간 삶에 한층 더 깊은 이해와 세련된 감각, 품격 높은 본보기를 제공해줄 이들을 필요로 한다. 세상이 완전하지 않으니 발전이 필요하다는 데는 누구나 인정하지만, 그 발전을 이뤄내는 데 있어 모든 사람이 같은 방식으로 기여할 수 있는 것은 아니다.
　인류 전체를 둘러봐도, 기존의 관행을 넘어서는 변화를 이끌 인물은 손에 꼽을 정도다. 그들의 실험이 설령 받아들여진다

해도, 현실을 개선할 가능성은 극히 드물다. 그러나 바로 이 소수야말로 세상의 '소금'이다. 이들이 없다면, 인간의 삶은 어느새 생기를 잃은 고인 물처럼 되고 말 것이다. 그들은 세상에 없던 새로운 가치를 새롭게 창조할 뿐만 아니라 이미 존재하는 것들에도 끊임없이 활기를 불어넣는다.

새롭게 할 일이 없다면, 인간의 지성은 과연 쓸모를 잃게 되는 것일까? 그렇다면 옛일만을 반복하는 이들은 그 이유조차 망각한 채, 인간이 아니라 가축처럼 생각 없이 무비판적으로 따르게 되는 것도 당연한 일인가?

아무리 훌륭한 신념과 관행이라도 시간이 흐르면 형식적이고 기계적인 틀로 굳어지기 쉽다. 그래서 언제나 새로운 생명력을 불어넣어 그 신념과 관행의 토대가 단순한 전통으로 고착되지 않도록 막아줄 이들이 필요하다. 이런 이들이 끊이지 않는다면, 기존의 기반은 충격을 견디며 생명력을 유지할 수 있을 것이다. 하지만 그런 이들이 사라진다면, 토대는 작은 충격에도 쉽게 무너지고 말 것이다. 그 결과 문명은 존속할 이유를 잃고, 비잔틴 제국처럼 결국 소멸하고 말 것이다.

분명 천재는 언제나 소수에 불과할 것이다. 앞으로도 그러할 것이다. 그러나 이들이 존재하려면, 그들이 자라날 수 있는 토양이 반드시 보존되어야 한다. 천재는 오직 '자유의 공기' 속에서만 숨 쉴 수 있다.

　본질적으로 천재는 누구보다도 강한 개성을 지닌 존재다. 따라서 사회가 구성원들에게 스스로 성격을 빚는 수고를 덜어주기 위해 만든 획일적인 틀에 억지로 자신을 끼워 맞추게 한다면, 그는 본성을 훼손당하고 말 것이다.

　만약 천재들이 소심함이나 사회의 압력에 굴복해 자신을 사회가 마련한 틀에 억지로 끼워 맞추고, 그 압박 속에서 확장되지 못한 자아의 일부를 그대로 굳어지도록 내버려둔다면, 그들의 재능이 사회에 이바지할 수 있는 바는 지극히 미미할 것이다. 반대로, 강인한 성격을 지닌 이들이 자신에게 씌여진 굴레를 끊어낸다면, 사회는 그들을 평범함 속에 가두지 못한 데 대한 불편함을 드러내며 '제멋대로다' '변덕스럽다' 같은 꼬리표를 붙여 경계하고 배척의 대상으로 삼을 것이다. 이는 마치 나이아가라강이 네덜란드의 운하처럼 매끄럽게 흐르지 않는다고 비난하는 것과 다를 바 없다.

　나는 천재가 지니는 중요성과, 사유와 실천의 모든 영역에서 그 천재성이 자유롭게 발휘되어야 함을 이토록 강조한다. 이론상으로는 누구도 이 주장에 이의를 제기하지 않을 것을 잘 알고 있다. 그러나 현실에서는 거의 모든 이가 이에 무관심하거나 무감각하다는 사실 또한 깊이 느끼고 있다.

   사람들은 누군가가 뛰어난 시를 쓰거나 그림을 그릴 때 예술적 천재성은 흔쾌히 높이 평가한다. 그러나 사유와 실천에서 드러나는 진정한 독창성에 대해서는 겉으로는 찬탄을 보내면서도 마음속으로는 '없어도 별문제 없는 것'으로 여기는 경우가 대부분이다. 어쩌면 그것이 인간 본성이라 애초에 달리 기대하기조차 어려운 일인지도 모른다.

여론이 '다름'을 억압하면
문명은 위험한 방향으로 흘러간다

'독창성'은 평범한 다수의 사람들이 결코 그 가치를 알아볼 수 없는 거의 유일한 자질이다. 그들은 독창성이 자신들에게 무엇을 가져다줄 수 있는지조차 이해하지 못한다. 그럴 수밖에 없다. 만약 그들이 그 가치를 제대로 알아볼 수 있다면, 그것은 더는 진정한 독창성이라 할 수 없으니 말이다.

독창성이 이들에게 가장 먼저 열어주는 것은 '세상을 새롭게 보는 눈'이다. 일단 그 눈을 뜨고 나면, 그들도 언젠가는 자신만의 독창성을 피워낼 수 있게 될 가능성을 갖게 된다.

한편 지금 존재하는 모든 좋은 것은 누군가의 독창적인 시도에서 비롯되었으며, 앞으로도 독창성이 새로운 진보를 이룰 가능성이 남아 있다는 점을 겸허히 받아들여야 한다. 그리고 독창성의 필요를 느끼지 못하는 사회일수록, 오히려 그것을 더 절실히 필요로 한다는 사실 역시 잊지 말아야 한다.

　냉정히 말해, 현실에서는 재능이 참된 것이든, 아니면 단지 그렇다고 평가된 것이든, 그에 대해 아무리 경의를 표하고 찬사를 보낸다 해도 세상의 전반적인 흐름은 결국 '평범함'이 인간 사회를 지배하게 만드는 쪽으로 기울고 있다.

　고대와 중세, 그리고 봉건제를 거쳐 현대에 이르는 오랜 세월 동안 개인은 스스로 하나의 '권력'이 될 수 있었다. 탁월한 재능을 지녔거나 높은 사회적 지위를 가진 사람은 사회에 상당한 영향력을 행사할 수 있었다. 그러나 오늘날의 개인은 거대한 군중 속에 묻혀버리고 말았다. 정치 분야에서조차 이제 '여론이 세상을 지배한다'는 말이 진부하게 들릴 정도다. 오늘날 '권력'이라 부를 만한 힘은 오직 대중에게 집중되어 있으며, 정부 또한 대중의 성향과 본능을 대변할 때만 그 정당성을 인정받는다. 이러한 구조는 공적 영역뿐 아니라 개인 간의 도덕적·사회적 관계에서도 그대로 작동한다.

　'여론'이라 불리는 의견을 형성하는 대중이 언제나 동일한 집단인 것도 아니다. 미국에서는 그것이 전체 백인 인구를 의미하고, 영국에서는 주로 중산층을 가리킨다. 대중은 어디서나 하나의 평균적인 집단일 뿐이며, 결국 '평범함이 집단화된 형상'에 지나지 않는다.

오늘날에는 이보다 더 눈에 띄는 변화도 나타났다. 대중은 더는 교회나 국가의 권위자들, 겉으로 드러난 지도자들, 혹은 책에서 생각을 가져오지 않는다. 대중은 스스로 사유하지 않고, 신문과 대중매체에 떠도는 평범한 사람들의 즉흥적인 생각을 그대로 받아들인다.

나는 이 모든 상황을 비판하거나 불평하려는 것이 아니다. 인간 정신의 수준이 여전히 낮은 이상, 이보다 나은 체제가 가능하다고 주장할 생각은 없다. 그러나 평범한 사람들이 이끄는 정부는 필연적으로 평범할 수밖에 없다. 민주주의든, 다수의 귀족이 이끄는 정권이든, 군주나 뛰어난 개인이 이끌지 않는 한 그들이 형성하는 정치적 행위나 정신적 풍토는 특출남을 기대하기 어렵다.

많은 이들은 역사의 가장 찬란했던 시기에도 늘 그러했듯, 더 뛰어난 재능과 지혜를 지닌 소수의 조언과 영향력에 이끌려 왔다. 모든 지혜롭고 고귀한 일은 한 개인에게서 비롯되며 출발한다. 평범한 이들의 영광은, 그러한 출발을 따를 수 있는 능력에 있다. 그는 지혜롭고 고귀한 것에 내면 깊숙이 응답하며,

눈을 뜬 채 그것을 향해 나아갈 때 비로소 진정한 인간적 가치를 드러낸다.

나는 천재가 세계를 억지로 지배하고, 천재가 대중의 뜻을 거스르며 자신의 명령을 따르게 하는 행위를 찬양하는 '영웅숭배'를 옹호하려는 것이 결코 아니다. 천재에게 허락되어야 할 것은, 다만 새로운 길을 제시할 자유일 뿐이다. 남을 억지로 끌어들이는 권력은 타인의 자유와 성장을 해칠 뿐 아니라 그 힘을 쥔 자 자신까지도 타락시킨다. 그러나 평범한 다수의 의견이 세상을 지배하는 시대에는 오직 높은 사유의 경지에 선 이들이 강하게 드러내는 개성만이 그 흐름을 견제하고 바로잡을 수 있다.

오늘날에는 뛰어난 개인들이 대중과 다른 길을 걷도록 적극적으로 격려해야 한다. 과거에는 단순히 '다름'만으로는 아무런 가치가 없었고, 반드시 더 나은 방향을 제시해야만 진정한 의미가 있을 수 있었다. 그러나 지금은 관습이나 대중의 기준에 순응하지 않고 단지 다르게 행동하는 것만으로도 세상에 의미 있는 기여가 된다.

여론이 '다름'을 비난하는 시대일수록, 의도적으로라도 관습을 거슬러야 한다. 인격적 강인함이 넘쳤던 시대와 사회에서는 언제나 개성적 독립성이 살아 있었다. 한 사회에서 개성의 수준은 그 사회가 지닌 천재성, 정신적 활력, 도덕적 용기의 수준에 비례했다. 그러나 지금은 스스로 다르게 생각하고 행동할 용기를 내는 이들이 드물어졌다는 사실 자체가 이 시대가 처한 가장 심각한 위기를 보여준다.

삶이 획일화되면
진정한 행복은 멀어진다

　나는 앞서 '관습에 어긋나는 일이라도 최대한 자유롭게 시도할 수 있도록 해야 한다'고 말했다. 그래야 시간이 흐르면서 그중 어떤 것이 새로운 관습이 될 자격이 있는지 자연스럽게 드러나기 때문이다. 그러나 행동의 독립성과 관습을 거스르는 태도가 장려되어야 하는 까닭은 더 나은 길을 찾을 실용적 가능성 때문만은 아니다. 자기 삶을 자기 방식대로 살아갈 권리는 특별한 재능을 지닌 소수만의 것이 아니라 모든 사람에게 열려 있어야 한다.

　인간의 삶이 하나의 틀이나 몇 가지 방식으로 획일화되어야 할 이유는 없다. 기본적인 상식과 경험만 갖추고 있다면, 각자가 선택한 삶의 방식이 그 자신에게는 최선이라는 것을 스스로 입증할 수 있다. 그것이 절대적으로 뛰어나서가 아니라, 자신의 선택이기 때문에 의미가 있는 것이다. 인간은 양처럼 똑같을 수 없고, 심지어 양조차도 서로 완전히 같지는 않다.

사람은 몸에 꼭 맞는 코트나 부츠를 구하려 할 때도, 치수에 맞춰 만들거나 수많은 선택지 중에서 골라야 한다. 그런데 훨씬 복잡한 인생을 맞추는 일이 코트를 구하는 일보다 쉬울 수 있겠는가? 발 모양조차 제각각인데, 인간의 몸과 정신의 구조가 더 동일할 수 있겠는가? 사람마다 취향이 다르다는 사실만으로도, 모두를 하나의 틀에 가두려는 시도가 정당화될 수는 없다.

더구나 정신적 성장에 필요한 조건 역시 사람마다 서로 다르다. 다양한 식물이 똑같은 공기와 기후 속에서 모두 똑같이 건강하게 자라지 못하듯, 인간 역시 똑같은 도덕적 환경에서 똑같이 성장할 수는 없다. 어떤 한 사람에게 고귀한 성장을 이끌어내는 조건이, 다른 사람에게는 오히려 걸림돌이 될 수도 있기 때문이다.

같은 삶의 방식이 어떤 이에게는 행동과 즐거움의 모든 능력을 가장 좋은 상태로 유지하게 하는 활력이 되지만, 다른 이에게는 내면의 생기를 짓누르고 억누르는 무거운 짐이 되기도 한다. 인간은 즐거움의 원천도, 고통을 느끼는 민감성도, 다양한 신체적·도덕적 영향에 대한 반응도 서로 다르다. 그렇기에 삶의 방식 또한 다양해야 한다.

삶이 획일화되면, 사람들은 마땅히 누려야 할 행복을 얻지 못한다. 뿐만 아니라 각자가 도달할 수 있었던 정신적·도덕적·미적 성숙에도 이르지 못한다.

개성 없는 인간이
이상적인 인간으로 추앙받는 사회

　그렇다면 왜 대중의 지지를 등에 업은 취향과 삶의 방식에만 여론의 관용이 허락되어야 하는가? 단지 따르는 이가 많다는 이유만으로 그 선택이 정당화되어야 하는가?
　특정한 수도원과 같은 극소수의 예외를 제외하면, 사실 어디에서도 취향의 다양성 자체가 전면적으로 부정되지는 않는다. 노 젓기, 흡연, 음악, 운동, 체스, 카드놀이, 공부처럼 개인적 기호에 따라 좋아하거나 싫어하는 행위는 비난의 대상이 되지 않는다. 이는 각 행위를 좋아하는 이들도 많고 싫어하는 이들도 워낙 많아 어느 한쪽을 일방적으로 누르거나 비난하기가 실질적으로 불가능하기 때문이다.
　그러나 '남들이 하지 않는 일을 했다'거나 '남들이 다 하는 일을 하지 않았다'는 이유만으로 마치 심각한 도덕적 잘못이라도 저지른 듯 집단적 비난을 감수해야 한다. 사람들은 이런 비난을 피하기 위해 작위나 신분을 나타내는 표식, 혹은 상류층의 인정이라는 외피가 필요하다. 그래야만 평판에 손상을 입지 않고 자신의 뜻대로 행동하는 '사치(luxury)'를 누릴 수 있다.

여기서 허용되는 것은 어디까지나 '약간의 자유'에 불과하다. 그 범위를 넘어 지나치게 자기 뜻을 밀고 나가려는 이들은 단순한 비난을 넘어서는 현실적 위험에 직면하게 된다. 심할 경우 정신 이상 심사를 받거나, 재산권을 박탈당해 친족에게 넘겨야 하는 처지에까지 내몰릴 수도 있다.

오늘날 여론은 개성의 뚜렷한 표현조차 불편해하고 쉽게 용납하지 못하는 고유한 성향을 지니고 있다. 대다수 사람들은 지적 능력에서도, 욕구의 강도 면에서도 평균 수준에 머문다. 뚜렷한 취향이나 강한 열망이 없다 보니 관습을 벗어나 행동할 동기 자체가 생기지 않는다. 자연히 그러한 열망을 지닌 사람들을 이해하지 못하며, 그들을 방탕하고 무절제한 부류로 오해하거나 멸시하게 된다.

이제 이러한 일반적 사실에 더해, 도덕적 수준을 높이려는 강한 흐름이 일어났다고 가정해보자. 그렇다면 앞으로 어떤 일이 벌어질지는 쉽게 짐작할 수 있다. 실제로 오늘날 이러한 운동이 점차 힘을 얻고 있다. 오늘날 사회 전반에서는 행동의 규범성이 높아지고 있으며, 지나치거나 이례적인 행위는 점차 억제되고 있다. 동시에 타인의 삶을 변화시키려는 선의와 실천 의지 또한 사회 곳곳에 퍼지고 있다. 이 에너지는 인간의 도덕성과 생활 태도를 바로 세우려는 움직임 속에서 가장 활발히 발휘되고 있다.

오늘날의 시대적 흐름은 대중이 행동의 규범을 정하고, 모두가 거기에 순응할 것을 자연스럽게 강요하는 방향으로 나아가고 있다. 그리고 그 규범은 '강한 욕망을 품지 않는 무난한 삶'을 이상으로 삼는다. 이들이 꿈꾸는 이상적 인간상은 두드러진 개성을 지니지 않고 조용히 순응하는 존재다. 인간 본성의 도드라진 부분들은 중국 여성의 전족처럼 억지로 억제되어 평범한 인간상의 틀을 조금도 벗어나지 못하게 된다.

언제나 그렇듯, 바람직한 것의 절반을 잘라낸 이상은 남은 절반조차 초라하게 흉내 내는 데 그치고 만다. 오늘날의 평가 기준도 마찬가지다. 왕성한 이성이 이끄는 강대한 에너지와 양심적 의지가 통제하는 뜨거운 감정은 사라지고, 남은 것은 의지도 이성도 희미한 '미약한 감정과 생기 없는 에너지'뿐이다.

이런 감정과 에너지는 강한 정신적 긴장이나 고뇌 없이도 외형적인 규범에 쉽게 맞춰질 수 있기에 오히려 다루기 쉬운 인간형을 만들어낸다. 이제는 시대를 이끌면서 대규모로 활약하던 인물들조차 현실에서는 거의 자취를 감추고, 그저 과거의 전통 속에 이름만 남아 있을 뿐이다.

이제 이 나라에서 에너지를 쏟을 수 있는 분야는 사실상 생업 활동밖에 남지 않았다. 생업에 들이는 에너지는 여전히 상당하지만, 그 일을 끝낸 뒤 남는 힘은 대개 단조로운 취미 활동으로 흘러갈 뿐이다. 물론 그 취미가 유익하거나 남을 돕는 데 목적을 둘 수도 있다. 그러나 대개는 단 하나의 활동에 국한되며, 그마저도 규모가 크지 않다.

이제 영국의 위대함은 집단적 힘에서만 나온다. 개인들은 모두 작고 미약하지만, 힘을 결집하는 데 익숙한 습관 덕분에 겨우 위대해 보일 뿐이다. 그런데도 도덕적·종교적 자선가들은 이러한 현실에 별다른 문제의식을 갖지 못한다. 그러나 과거의 영국을 일군 이들은 결코 그런 부류가 아니었으며, 앞으로 이 나라의 쇠퇴를 막아낼 이들 또한 역시 그들과는 다른 유형일 것이다.

관습이 아닌 자유야말로
진정한 개선을 이끈다

관습의 폭압은 언제나 인간 발전을 끊임없이 가로막는 고착된 장애물이다. 이는 관습에 머물지 않고 더 나은 것을 지향하려는 성향―때로는 자유의 정신, 때로는 진보와 개선의 정신이라 불리는―과 끊임없이 충돌하기 때문이다.

다만 개선의 정신이 항상 자유의 정신인 것은 아니다. 때로는 개선을 원하지 않는 이들에게 개선을 강제로 강요하려 들기도 하기 때문이다. 자유의 정신은 강제로 개선을 밀어붙이려는 시도에 맞설 때, 개선에 반대하는 세력과 일시적으로 손을 잡을 수도 있다. 그러나 진정한 개선의 유일하고도 확실한 근원은 결국 자유다. 자유가 보장될 때만이, 각 개인이 하나하나 독립된 개선의 중심이 되어 끝없는 변화와 발전을 이끌 수 있다.

진보의 원리는, 그것이 자유를 향한 사랑이든, 개선을 향한 열망이든 간에, 어떤 형태로든 관습의 지배에 맞서고, 최소한 그 굴레에서 벗어나는 것을 전제로 한다. 인류의 역사는 결국 이 자유와 관습 사이의 끊임없는 투쟁을 통해 가장 큰 흥미를 자아낸다.

세계 대부분의 지역은, 엄밀히 말해 진정한 의미의 역사를 만들어내지 못했다. 관습이 절대적 권위를 행사했고, 사람들은 그 경계를 넘으려 하지 않았다. 동양 전역은 그 대표적인 사례다. 동양에서는 관습이 모든 일의 기준이 되었으며, 정의와 권리마저 관습에 종속되었다.

심지어 권력자들조차 관습을 거스르는 일을 감히 시도하지 못했다. 그리고 우리는 그 결과가 무엇인지 지금도 똑똑히 보고 있다(이는 인종적 차별이나 우월의식으로 동양 사회를 깎아내리는 게 아니라, '자유'와 '변화'라는 기준에서 동양 사회가 관습에 안주해왔다는 점을 지적하는 것이다—옮긴이).

하지만 그들 역시 한때는 분명 독창적인 에너지를 지니고 있었다. 그들이 처음부터 인구가 많았던 것도 문자와 문화에 능했던 것도, 고도의 생활 기술을 갖춘 채 등장한 것도 아니었다. 그들은 스스로 모든 것을 개척했고, 한 시대의 가장 위대하고 강성한 나라들이 되었다. 그런데 지금은 어떤 모습인가? 한때 숲을 떠돌던 조상들을 둔 부족들이 오히려 찬란한 문명을 일군 이들을 지배하거나, 그들의 지배를 받는 상황이 되었다. 그러나 그 시절, 그들 사회에는 관습뿐 아니라 자유와 진보 또한 살아 있었다.

어떤 사회든 일정 기간 동안은 발전할 수 있다. 그러나 그 발전은 그 사회가 개성을 잃는 순간 멈추고 만다.

만약 유럽의 여러 나라들도 비슷한 변화를 겪게 된다면, 그 양상은 과거와 완전히 같지는 않을 것이다. 이들 나라를 위협하는 '관습의 지배'는 엄밀히 말해 단순한 정체(停滯)를 뜻하는 것은 아니기 때문이다. 관습의 지배는 개성(singularity)을 억누르지만, 변화 자체를 완전히 막지는 않는다. 다만 '모두가 함께 움직여야 한다'는 조건이 붙는다.

과거의 사람들은 대대로 거의 똑같은 옷차림을 했지만, 오늘날 우리는 더 이상 그런 고정된 복식(예컨대 조선 시대 유생의 갓과 도포, 명나라 관리들의 관복, 인도의 전통 사리, 중국 황실의 제복 등—옮긴이)은 고수하지 않는다. 다만 지금도, 서로 비슷한 복장을 갖추어야 한다는 무언의 강요는 여전하다. 바뀌는 것은 그 안의 유행일 뿐이며, 그것조차 일 년에 한두 차례에 불과하다.

우리는 변화가 일어날 때마다, 그것이 진정한 아름다움이나 편리함에 대한 자발적 인식에서 비롯된 '필요한 변화'가 아니라, 변화 그 자체를 위한 변화가 되도록 통제하려 한다. 아름다움이나 편리함에 대한 진정한 인식은 세상의 모든 사람들에게 동시에 찾아오는 일도, 동시에 사라지는 일도 없기 때문이다. 그러나 우리는 단순히 변하기만 하는 존재가 아니라 진보를 추구하는 존재이기도 하다.

우리는 기계 분야에서 끊임없이 새로운 발명을 이루어내고, 더 나은 것이 등장할 때까지 기존의 것을 유지하며 활용한다. 정치와 교육, 심지어 도덕의 영역에서도 개선을 갈망한다. 다만 도덕에 있어 우리가 말하는 '개선'이란, 결국 다른 사람을 우리의 기준에 맞추어 '우리만큼 선하게 만들려는' 설득이나 강요로 귀결되기 쉽다.

우리가 진정으로 문제 삼는 것은 진보 그 자체가 아니다. 오히려 우리는 '인류 역사상 가장 진보적인 세대'라는 자부심을 품고 있다. 그러나 우리가 억누르려 하는 것은 바로 '개성(individuality)'이다. 사람마다 다른 개성을 지우고, 모두를 하나의 틀로 똑같이 만들었다면, 우리는 그것을 위대한 성취라고 착각했을지도 모른다. 그러나 사람마다 서로 다르다는 사실은 각자가 자신의 불완전함을 자각하고, 타인의 뛰어남을 발견하며, 더 나아가 서로의 장점을 결합해 더 나은 무언가를 만들어낼 가능성을 열어준다. 이 소중한 가능성을 우리는 망각하고 있다.

모두를 똑같이 만들려는
세상의 흐름에 저항하라

지금까지 유럽을 이러한 운명에서 구해낸 힘은 무엇이었는가? 무엇이 유럽 여러 나라를 정체되지 않고 끊임없이 발전하는 인류의 중심 집단으로 만들었는가?

그것은 그들 안에 어떤 본질적 우월성이 있었기 때문이 아니다. 설령 우월성이 존재한다 해도, 그것은 원인이 아니라 결과에 불과하다. 유럽이 살아남은 진정한 이유는 각 민족이 지닌 고유한 성격과 문화의 다양성에 있었다.

개인, 계층, 국가들은 서로 극명히 달랐다. 저마다 다른 길을 개척하며 각기 고유한 가치를 이루어냈다. 물론 이들 사이에는 불관용이 팽배했고, 누구나 자신이 걷는 길로 남들을 이끌 수 있다면 더없이 바람직하다고 여겼다. 그러나 서로의 발전을 가로막으려는 시도는 오래 지속되지 못했고, 시간이 흐르면서 결국 모두가 타인이 이룬 가치를 받아들이기에 이르렀다. 즉 다름이 있었기에 인류는 각기 다른 가치를 창출했고, 서로 억압하려는 시도조차 결국은 그 다름을 통해 서로를 성장시켰다.

내 판단으로는, 유럽이 진보적이며 다면적인 발전을 이룰 수 있었던 이유는 저마다 다른 길을 걸어왔기 때문이다. 그러나 이제 그 혜택은 눈에 띄게 줄어들고 있다. 유럽은 점차 모든 사람을 똑같이 만들려는 일종의 '중국적 이상'을 향해 나아가고 있다. 토크빌(M. de Tocqueville, 19세기 프랑스의 정치사상가이자 사회학자로, 민주주의와 사회 구조에 대한 깊은 통찰을 제시한 인물—옮긴이)은 그의 마지막 주요 저술에서, 오늘날의 프랑스인들이 불과 한 세대 전의 사람들보다 훨씬 더 서로 닮아가고 있다고 지적한다. 이와 같은 현상은 영국에서도 어쩌면 강한 정도로 관찰되고 있다.

빌헬름 폰 훔볼트는 이미 앞에서 인용한 바와 같이, 인간 발전을 위한 필수 조건으로 두 가지를 제시했다. 사람들이 서로 다르게 발전하기 위한 필수 조건은 '자유'와 '상황의 다양성'이다. 그런데 이 중 두 번째 조건은 영국에서 날이 갈수록 점차 사라지고 있다. 서로 다른 계층과 개인을 형성하는 환경과 요소들이 점점 더 비슷해지고 있기 때문이다.

　과거에는 계층, 지역, 직업에 따라 사람들은 마치 서로 다른 세계에 속해 있는 듯 살아갔다. 그러나 지금은 대체로 같은 세상에서 살아가고 있다. 이제 사람들은 같은 책을 읽고, 같은 음악을 듣고, 같은 영화를 보고, 같은 장소를 방문하며, 같은 희망과 두려움을 느끼고, 동일한 권리와 자유를 누리며, 그 권리를 주장할 수 있는 같은 방법을 갖추고 있다. 물론 계층 간의 차이는 여전히 존재하지만, 과거에 비하면 그 차이는 매우 미미하다. 이러한 동일화의 흐름은 계속해서 진행중이며, 시대의 정치적 변화는 이 과정을 더욱 가속화하고 있다. 즉 낮은 계층은 점차 상승하고, 높은 계층은 점차 하락하면서 전체가 하나의 평준화를 향해 움직이고 있는 셈이다.

　교육의 확산은 이러한 평준화의 흐름을 더욱 촉진시킨다. 교육은 사람들을 공통된 영향력 아래 두고, 일반적인 사실과 감정에 대한 공유된 접근을 가능하게 하기 때문이다.

　여기에 통신 수단의 발전은 그 속도를 가속화한다. 통신 발전을 통해 멀리 떨어진 사람들끼리도 직접 연결되며, 한 장소에서 다른 장소로의 빠른 이동과 이주가 일상화된다.

　상업과 제조업의 증가는 편안한 환경의 혜택을 더 널리, 더 평등하게 퍼뜨린다. 그 결과, 이제는 모든 야망의 대상이, 심지어 가장 높은 목표조차도 누구에게나 경쟁의 대상이 된다. 이로써 '상승하려는 욕망'은 이제 특정 계층의 전유물이 아니라 모든 계층이 공유하는 보편적 성향이 되었다.

이러한 변화에서 중요한 역할을 한 요소는, 자유로운 국가들에서 '공공의 여론'이 국가의 중요한 결정에 큰 영향을 미치게 된 점이다. 과거에는 일부 특권층이 사회적 지위를 앞세워 대중의 의견을 무시할 수 있었다. 그러나 시간이 흐르면서 이러한 특권은 점차 무너지고 있다. 대중이 스스로 분명한 의견을 드러내자, 정치인들 또한 그 의견에 맞서려는 생각 자체를 점차 버리게 되었다.

이와 함께 비순응적 의견이나 성향을 보호해줄 사회적 기반 역시 무너지고 있다. 한때는 다수의 지배를 경계하며 대중과는 다른 의견을 지키려는 '비동조 세력'이 존재했지만, 이제는 그런 세력마저 찾아보기 어렵게 되었다.

이 모든 요인이 겹겹이 쌓이며 개성을 억누르는 거대한 압력을 만들어냈다. 이 압력 속에서 개성이 자리를 지켜내기란 이제 좀처럼 쉬운 일이 아니다. 앞으로 그 어려움은 더욱 가중될 것이다.

개성이 살아남으려면, 대중 가운데 깨어 있는 이들이 먼저 나서야 한다. 그들은 '서로 다름이 존재하는 것 자체가 사회에 이롭다'는 사실을 깊이 깨달아야 한다. 비록 어떤 차이는 그들 눈에 퇴보처럼 보일지라도, 이를 기꺼이 인정할 수 있을 때만 개성은 가까스로 숨을 이어갈 수 있을 것이다.

개성의 권리를 주장해야 할 때가 있다면, 그때는 바로 지금이다. 억지로 모든 이들을 똑같이 만들려는 흐름이 아직 완전히 뿌리내리지 않은 지금이야말로, 마지막으로 저항할 수 있는 기회다. 개성을 잠식시키려는 흐름에 맞서 성공적으로 저항할 수 있는 시기는 '초기'뿐이다.

타인을 대중과 같게 만들려는 요구는 자신들이 스스로 만든 동질성을 먹이 삼아 끝없이 성장해간다. 저항이 미뤄지면, 삶은 어느새 하나의 획일적 형태로 굳어버린다. 그때가 되면, 그 틀에서 벗어난 모든 차이는 불경하거나 부도덕한 것, 심지어 괴이하고 부자연스러운 것으로까지 여겨진다. 인간은 오랫동안 다양성을 보지 못하면 결국 그것을 상상하는 능력조차 잃어버리게 된다.

John Stuart Mill

On liberty

5장

사회는 개인의 자유에 어디까지 개입할 수 있나?

"지금, 이 장은 나와
어떤 관련이 있는가?"

---

1. 철학적 요점 정리
- 이 장은 밀의 '해악 원칙(harm principle)'을 본격적으로 설명합니다.
- 사회는 오직 다른 사람에게 해를 끼치는 경우에만 개인의 자유를 제한할 수 있다는 주장입니다.
- 도덕적 비난이나 불편함은 자유를 제한할 근거가 되지 않습니다.

2. 사회적 적용 및 현실 연결
- 혐오 표현과 표현의 자유, 공공질서와 개인행동 사이의 갈등에서 여전히 이 원칙은 적용됩니다.
- 밀의 논지는 분명합니다. 그는 말합니다. "당신이 불편하다는 이유만으로 내 자유가 제한되어서는 안 된다."
- 독자는 이 장을 통해 자유의 윤리적 한계를 사유하게 됩니다.

개인과 사회의 경계는
어디까지인가?

그렇다면 개인이 자기 자신에 대해 정당하게 행사할 수 있는 주권의 범위는 어디까지인가? 사회의 권위는 어디서부터 시작되는가? 우리 삶에서 어떤 영역은 개인의 고유한 선택과 개성에 맡겨야 하며, 어떤 영역은 사회의 통제 아래 두어야 하는가?

개인과 사회는 각자의 책임과 권한을 분명히 나누어 가져야 한다. 개인은 주로 자신의 관심과 이해가 걸린 영역을, 사회는 공공 전체에 영향을 미치는 영역을 맡는 것이 바람직하다.

사회는 어떤 계약 때문에 만들어진 것이 아니며, 사회적 의무를 설명하기 위해 '계약'이라는 개념을 인위적으로 끌어오는 것도 별다른 의미 없이 본질을 흐릴 뿐이다. 그러나 사회의 보호 아래 살아가는 이상, 누구나 그에 상응하는 책임을 져야 한다. 사회 안에서 살아간다는 사실 자체가, 타인에 대해 일정한 '행위 기준'을 지켜야 할 의무를 필연적으로 수반한다.

이 행위 기준은 두 가지 원칙으로 이루어진다. 첫째, 다른 사람의 이익, 더 정확히는 명시적 법률이나 암묵적인 사회적 합의에 따라 권리로 인정된 이익을 침해하지 않는 것이다. 둘째, 사회나 그 구성원을 외부의 침해와 방해로부터 보호하는 데 필요한 노력과 희생을 공정한 원칙에 따라 각자가 자기 몫만큼 감당하는 것이다.

사회는 이러한 기준의 이행을 강제할 정당한 권한을 가진다. 이를 거부하는 이들에게 일정한 희생을 요구하는 것 역시 정당하다.

그러나 사회가 개입할 수 있는 정당한 범위는 이보다 더 넓을 수 있다. 개인의 행위가 타인에게 직접적인 피해를 주지는 않더라도, 그들의 복지나 안녕을 충분히 고려하지 않는 경우도 존재하기 때문이다. 이런 경우 법적으로 처벌하긴 어렵지만 여론에 의해 정당한 사회적 비난을 받을 수 있다.

개인의 행위가 타인의 이익을 침해하는 순간, 그 부분에 대해서는 사회가 개입할 정당한 권한을 가진다. 문제는 그러한 개입이 공익 증진에 실질적으로 도움이 되는지다.

반면에 한 사람의 어떤 행위가 오직 자기 자신에게만 영향을 미치거나, 다른 사람에게도 그들이 자발적으로 원할 때만 영향을 미칠 뿐이라면(모든 관련자가 성인이며, 통상적인 판단 능력을 갖춘 경우), 그 문제는 애초에 사회의 간섭 대상이 될 수 없다. 이러한 경우에는 법적으로나 사회적으로나 행위의 자유가 전적으로 보장되어야 하며, 그에 따른 결과 역시 전적으로 본인이 책임져야 한다.

타인을 위한 이타적 노력은
줄어들 필요가 없다

 그렇다고 해서 이 원칙을 '인간은 서로의 삶에 관여할 필요가 없으며, 자신의 이해관계가 걸려 있지 않은 한 타인의 선행이나 행복에도 관심을 가질 필요가 없다'고 해석하는 것은 중대한 오해다. 자유의 원칙은 인간이 서로의 삶에 무관심해야 한다는 의미가 아니고, 자신의 이해관계가 걸려 있지 않은 한 타인의 선행이나 행복에도 관심을 가질 필요가 없다는 의미도 아니다. 그렇게 이해하는 것은 이 원칙의 본래 취지를 심각하게 왜곡하는 것이다.

 개인의 자유를 존중해야 한다고 해서, 타인을 위한 이타적 노력이 줄어들 필요는 결코 없다. 오히려 그런 노력은 더 많이, 더 절실히 필요하다. 다만 진정한 선의는 사람들을 올바른 방향으로 이끌기 위해 채찍이나 회초리처럼 직접적이나 은유적인 강압이 아니라, 보다 더 설득력 있는 방식을 통해서 실현되어야 한다.

나는 개인의 자기 절제나 자기 관리 같은 덕목을 결코 하찮게 여기지 않는다. 이런 덕목들은 설령 사회적 책임이나 타인을 배려하는 덕목에 비해 조금 덜 중요하게 여겨질 수는 있어도, 그 차이는 거의 없다.

교육은 개인적 덕목과 사회적 덕목을 함께 길러야 하며, 어느 정도의 제도적 강제가 필요할 수도 있다. 하지만 설득과 내면의 확신 역시 그에 못지않게 중요하다. 특히 교육을 마친 이후에 한 개인의 자기 돌봄과 자기 단련은 오직 설득과 내면의 확신을 통해서만 길러진다.

인간은 서로에게 더 나은 길을 식별할 수 있도록 돕고, 그 길을 선택할 용기를 북돋는 데 힘을 보태야 할 책임이 있다. 사람들은 끊임없이 서로를 북돋아 잠재된 능력을 활발히 발휘하도록 이끌어야 한다. 감정과 목표 또한 어리석음이 아니라 지혜를 향해, 천박함이 아니라 품격을 향해 나아가도록 이끌어야 한다.

개인의 자기결정권과 사회의 간섭 문제

　성숙한 인간에게는 자신이 선택한 삶을 스스로 살아갈 권리가 있다. 누구도, 설령 여럿 사람이 뜻을 모은다 해도, 그 권리를 부정할 정당한 근거는 없다.
　자신의 행복에 가장 깊이 관여할 수 있는 사람은 오직 본인뿐이다. 특별한 애정이 있는 경우를 제외하면, 어느 누구도 한 개인만큼 그의 삶과 행복에 진심 어린 관심을 가질 수는 없다. 사회가 한 개인에게 갖는 관심 역시(타인에 대한 그의 행동을 제외하면) 극히 일부에 불과하며, 그 관심마저도 대부분 간접적일 뿐이다. 또한 자신의 감정이나 처지에 대해서는 평범한 사람조차 다른 누구보다 자신이 훨씬 더 정확하고 깊이 있는 이해를 지니고 있다.

한 개인에게만 관계된 문제에 대해, 사회가 그의 판단과 의도를 무시한 채 개입하고 간섭하려 든다면, 그 판단 근거는 일반적인 추정에 기대는 수밖에 없다. 그러나 이러한 추정은 종종 빗나갈 수 있으며, 설령 추정이 맞다 하더라도 당사자의 사정을 제대로 알지 못한 채 겉모습만으로 판단하는 이들에 의해 각 개인의 구체적 상황에 잘못 적용될 위험이 크다. 그러므로 이와 같은 인간사의 영역에서는 개인이 스스로 판단하고 선택할 자유(individuality)가 완전하게 보장되어야 한다.

사람들이 서로 관계를 맺기 위해서는, 각자가 무엇을 기대할 수 있는지 알 수 있도록 예측 가능한 규칙을 제대로 지켜야 한다. 그러나 자신의 삶에 관한 결정에 있어서는 개인이 자유롭게 자발성(spontaneity)을 발휘할 수 있어야 한다.

다른 이들은 그의 판단을 돕기 위해 충고하거나, 의지를 북돋기 위해 권유할 수 있다. 때로는 그의 의사에 반해 조심스럽게 권할 수도 있다. 그러나 최종적으로 판단을 내리는 것은 어디까지나 그 자신이다. 충고와 경고를 무시한 채 저지른 실수는 스스로 감당하면 된다. 그러나 남이 '좋다'고 여기는 길로 억지로 끌려갈 때 생기는 해악은 그보다 훨씬 더 크다.

한 사람이 어떤 성품을 지녔는지에 따라, 타인에게 주는 인상이 달라지는 건 당연하다. 이러한 요소들이 전혀 영향을 주지 말아야 한다고 믿는 것은 현실적이지도 않고, 바람직하지도 않다. 자신의 삶에 도움이 되는 자질을 뚜렷하게 갖춘 사람이라면 그만큼 존경받을 이유가 있으며, 그는 인간다운 삶의 이상에 조금 더 가까이 다가가 있는 셈이다. 반대로 그런 자질이 크게 부족하다면, 존경보다는 실망이나 냉소 같은 감정을 유발할 수 있다.

사람의 취향이나 판단력에는 어느 정도의 어리석음이나 천박함, 또는 타락이라 부를 수 있는 수준이 존재한다. 이런 결함이 있다고 해서 그 사람에게 해를 가할 정당한 이유가 되지는 않는다. 물론 그런 특성은 자연스럽게 거부감을 불러일으킬 수 있으며, 때에 따라서는 경멸로까지도 이어질 수 있다. 그리고 건전한 감각을 제대로 갖춘 사람이라면, 그런 감정을 품지 않는 것이 오히려 이상하게 보일 것이다.

설령 어떤 행동이 타인에게 직접적인 해를 끼치지는 않는다 하더라도, 그로 인해 당사자가 어리석거나 열등한 사람으로 비춰질 수는 있다. 이런 인상을 줄 여지가 있다면, 그 당사자에게 미리 조심스럽게 알려주는 편이 오히려 도움이 될 수 있다. 실제로 지금처럼 경직된 예의범절에 지나치게 얽매이지 않고 이런 친절한 충고가 좀 더 자유롭게 오갈 수 있다면, 훨씬 바람직한 사회가 될 것이다.

누군가 다른 이의 잘못된 행동이나 태도를 솔직하게 지적해도, 그것이 무례하거나 건방지게 여겨지지 않고 자연스럽게 받아들여지는 세상이 되었으면 한다. 우리는 누군가에 대해 좋지 않은 인상을 받을 때, 그에 상응하는 다양한 방식으로 반응하고 행동할 권리가 있다. 이는 그 사람의 개성을 억압하기 위해서가 아니라, 우리 자신의 개성을 표현하는 정당한 행위다.

예를 들어, 굳이 그 사람과 어울려야 할 이유가 없고, 그 사람이 불편하다면 조용히 거리를 둘 수도 있다. 다만 그러한 태도를 드러내놓고 과시하듯 행동으로 드러내서는 안 된다. 결국 누구와 어울릴지 정하려면 가장 편한 사람을 스스로 선택할 수 있어야 하니 말이다.

만약 누군가의 언행이 주변 사람들에게 해로운 영향을 미칠 수 있다고 판단된다면, 우리는 다른 이들에게 그 사실을 알릴 권리가 있으며, 때에 따라서는 그것이 도리이자 책임일 수도 있다. 꼭 도와야 할 이유가 없다면, 굳이 그에게 먼저 손을 내밀 필요는 없다. 하지만 그 도움으로 그가 달라질 수 있다면 그때만큼은 예외로 해야 한다.

타인에게 해를 끼치지 않았다면, 불이익을 줘서는 안 된다

　자신에게만 책임이 있는 잘못으로 인해, 다른 이들로부터 상당한 불이익을 겪는 일도 생길 수 있다. 그러나 그런 불이익은 어디까지나 그 잘못이 초래한 자연스럽고 자발적인 결과일 뿐, 누군가가 징벌을 의도하고 의도적으로 가한 것이 아니다.
　경솔하고 고집이 세며 자만심이 강한 사람, 분수에 맞지 않게 살며 욕망을 절제하지 못하는 사람, 감정과 지성의 기쁨보다 육체적 쾌락을 좇는 사람은 타인의 존중을 잃고 호의도 덜 받게 되리라는 점을 각오해야 한다. 그러나 이에 대해 불평할 권리는 없다. 그러나 남과의 관계에서 특별한 품성을 보여 타인의 신뢰와 호의를 받을 자격을 갖춘 사람이라면, 그의 몇 가지 성격적 결함만으로 그 자격이 깎여서는 안 된다.

내가 말하려는 핵심은 이렇다. 자기 삶에만 영향을 미칠 뿐이라 타인에게 아무런 해를 끼치지 않는 태도나 성향에 대해서는, 그 태도나 성향으로 인해 생길 수 있는 타인의 부정적 평가나 자연스러운 거리 두기 정도만 감수하면 될 뿐, 그 이상의 어떤 불이익도 감당하게 해서는 안 된다는 것이다.

반대로 타인에게 해를 끼치는 행위에 대해서는 전혀 다른 차원의 대응이 필요하다. 다른 이의 권리를 침해하는 행위, 정당한 근거 없이 손해를 입히는 행위, 거래에서의 거짓이나 기만, 우위에 선 입장을 부당하거나 옹졸하게 이용하는 태도, 심지어 피해를 보고 있는 사람을 돕지 않고 이기적으로 외면하는 행위조차도 도덕적 비난의 정당한 대상이 되며, 그 사안이 중대한 경우에는 마땅히 응보나 처벌의 대상이 될 수 있다.

이러한 행위들뿐만 아니라, 그러한 행위로 이어지게 하는 성향들 역시 본질적으로 부도덕하다. 이러한 성향들은 정당한 비판을 받아 마땅하며, 때에 따라 강한 혐오감까지 불러일으킬 수도 있다.

잔인한 성향, 악의와 심술, 시기심(가장 반사회적이고 혐오스러운 감정), 거짓과 불성실, 사소한 자극에도 쉽게 분노하거나 도를 넘는 격한 반응을 보이는 성격, 타인 위에 군림하려는 욕망, 자신의 몫 이상을 차지하려는 탐욕, 타인을 깎아내리며 오만한 만족을 얻는 심성, 자신의 문제를 세상 무엇보다 중요시하고 모든 상황을 자신에게 유리하게 해석하려는 이기심 등 이 모든 성향은 도덕적 악덕에 속하며, 천박하고 혐오스러운 인격을 드러낸다.

반면 앞서 언급한 자기 자신에 대한 결함들, 예컨대 우둔함, 자만심, 자존감 부족 같은 성향 등은 본질적으로 부도덕하다고 볼 수는 없다. 설령 그런 성향이 도를 넘는다 해도, 그것이 곧 악덕이 되는 것은 아니다. 그런 성향은 그저 어리석음의 징표이거나, 인격적 품위와 자존심이 부족하다는 징표일 뿐이다. 다만 그런 성향에 대한 도덕적 비난은 자신을 돌보는 책임을 소홀히 함으로써 타인에 대한 의무까지 저버릴 때 정당화된다.

'자기 자신에 대한 의무'라 불리는 것들은 그것이 동시에 타인에 대한 의무로 이어지지 않는 한, 사회적으로 강제될 수 없다. 이 표현이 단순한 신중함을 넘어선 경우에는 자존심이나 자기 계발을 뜻하는데, 개인의 자존심이나 자기 계발에 대해 사회가 책임질 이유는 없다. 또한 그런 책임을 강제하는 일이 인류 전체의 이익이나 행복에 도움이 된다고 볼 근거도 없다.

타인을 보호하고자 마련된
규칙을 어기면 응징해야 한다

    사람이 신중하지 못하거나 품위를 잃었을 때, 타인은 실망할 수 있다. 하지만 그것은 어디까지나 어리석음에 대한 평가일 뿐이다. 반면 타인의 권리를 직접적으로 침해했다면, 그것은 도덕적인 잘못으로 비난받아야 한다.

    단순한 실망과 도덕적 비난은 분명히 다르다. 이 둘 사이에는 분명한 선이 있다. 누군가가 어떤 행동으로 우리를 불쾌하게 했을 때, 그 일이 우리의 관여가 가능한 문제인지 생각해보게 된다. 우리가 개입할 수 있는 문제라면 감정도 더 격해지고, 태도 역시 달라진다. 반대로 우리와 전혀 상관없는 사안이라면, 우리의 반응도 그만큼 누그러질 수밖에 없다.

    그가 우리를 불쾌하게 했다면, 감정적인 반감을 드러낼 수는 있다. 불편한 사람을 자연스럽게 거리 두는 일도 있을 수 있다. 그러나 그렇다고 해서 그의 삶을 일부러 힘들게 할 필요는 없다. 그는 이미 자신의 잘못에 대해 대가를 치르고 있거나, 곧 치르게 될 것이기 때문이다.

설령 그가 스스로 삶을 망쳤다 해도, 우리가 그 불행에 더 짐을 얹을 필요는 없다. 그를 벌주기보다, 어떻게 하면 그가 자신의 잘못을 고치고 어려움을 벗어날 수 있을지 돕는 편이 더 나을 것이다.

비록 그가 우리에게 불쾌감을 주었더라도, 그는 연민의 대상이 될 수는 있어도 분노나 원망의 대상이 되어서는 안 된다. 그를 사회의 적처럼 취급할 이유는 없다. 우리가 그에게 취할 수 있는 가장 단호한 태도는, 그를 조용히 내버려두는 것이다. 혹은 반대로 관심과 온정을 담아 그가 다시 일어설 길을 함께 찾아주는 것도 하나의 선택이다.

그러나 상황이 분명히 달라지는 경우가 있다. 만약 타인을 보호하기 위해 마련된 규칙을 그가 어겼다면, 그의 행위로 인한 피해는 자기 자신이 아닌 타인에게 돌아간다. 이때 사회는 모든 구성의 권리를 보호하는 책무를 지닌 만큼, 그를 반드시 응징해야 한다. 분명한 처벌을 통해 그에게 고통을 가하고, 그 고통은 아주 무겁게 느껴지도록 해야 한다.

　만약 그가 타인의 권리를 침해했다면, 사회는 그의 행위를 공정하게 심판하고, 그에 상응하는 책임을 물어야 한다. 그러나 그의 잘못이 자기 삶에만 영향을 미치는 것이라면, 사회가 인위적으로 그에게 고통을 더 가할 이유는 없다. 그가 겪게 되는 불편은 우리 모두가 각자의 자유를 행사하는 과정에서 필연적으로 따라오는 부수적인 결과일 뿐이다.

자유가 공동체를 해치는 불씨로 번지지 않도록 해야 한다

개인의 삶 속에서 '자기 자신만을 위한 영역'과 '타인과 관련된 영역'을 구분해야 한다는 주장에 많은 사람들이 이의를 제기할 것이다. 많은 사람들이 "사회 구성원의 행위가 어떻게 다른 이들과 무관할 수 있겠는가?" 하고 반문할 것이다.

완전히 고립된 인간은 존재하지 않는다. 한 사람이 자신에게 심각하고 지속적인 해를 끼친다면, 그 영향은 가까운 사람들에게 직접적으로 미치고, 때로는 사회 전체에까지 훨씬 더 넓게 간접적으로 퍼져 나간다.

예를 들어, 그가 자신의 재산을 탕진하면, 그 재산에 의존하던 사람들에게 경제적 피해가 돌아가고, 크든 작든 공동체 전체의 자원 역시 줄어든다. 그가 자신의 신체나 정신을 스스로 해친다면, 그를 의지하던 주변 사람들에게 불행을 안기고, 공동체를 위해 해야 할 사회적 역할도 저버리게 된다. 결국 그는 주변 사람들의 사랑과 도움에 짐이 될 수밖에 존재가 되며, 이런 행동이 흔해진다면 공동선을 해치는 구조적 문제로까지 이어진다.

더 나아가, 그가 타인에게 직접 해를 가하지 않는다 해도 그의 행위가 잔물결처럼 번져 결국 다른 이들에게까지 미칠 수 있다. 그의 행위가 타인의 타락을 부르고, 타인을 그릇된 길로 이끄는 씨앗이 될 수 있기 때문이다. 이런 까닭에 "그가 스스로를 절제하도록 강제해야 한다"는 주장도 제기될 수 있다.

또한 이렇게 반문할 수도 있다. "비록 그릇된 행위의 결과가 방탕하거나 경솔한 그 개인에게만 돌아간다고 하더라도, 사회가 그들을 방치해도 되는가?" "스스로를 보호할 수 없는 아동이나 미성년자가 사회의 보호를 받는다면, 자기 절제조차 할 수 없는 성인에게도 마땅히 같은 보호가 주어져야 하지 않는가?"

도박, 음주, 방탕, 나태, 불결함 같은 것들이 행복을 갉아먹고 인간 발전을 가로막는 정도가 법으로 금지된 수많은 행위와 다를 바 없다면, 이렇게 묻지 않을 수 없다. "현실성과 사회적 편의를 해치지 않는 선에서, 법도 이들 악습을 규제해야 하지 않겠는가? 남의 밭을 망치는 잡초는 뽑으면서 제 밭에 무성한 잡초는 그대로 둘 셈인가?"

법이 가진 한계를 보완하기 위해서라도, 사회적 여론은 반드시 개입해야 한다. 악덕을 조장하는 이들을 겨냥해 강력한 사회적 감시망을 구축해야 하고, 그에 상응하는 엄정한 도덕적 제재를 가해야 한다. 이것은 결코 개인의 개성을 억누르거나 삶의 새로운 시도를 막으려는 것이 아니다. 개인의 자유는 존중되어야 하지만, 그 자유가 공동체 전체를 해치는 불씨로 번지는 일은 반드시 막아야 한다.

우리가 막으려는 것은 오직 하나다. 시대마다 시도되었으나 끝내 폐기된 것들, 누구에게도 유익하지 않았고 결국 그 누구에게도 어울리지 않았다는 사실이 긴 시간에 걸쳐 확인된 것들 뿐이다. 도덕적 진리든 실천적 교훈이든, 오랜 시간과 충분한 경험을 거친 끝에 확립된 것만이 정당한 규범으로 받아들여질 수 있다.

우리가 바라는 것은 단순하다. 앞선 세대가 추락했던 바로 그 낭떠러지로, 다음 세대가 다시 떨어지지 않게 하는 일이다. 바로 그것이야말로 사회가 개인의 자유를 제어하는 '유일한' 정당한 이유다.

단지 술에 취했다는 이유만으로 그를 벌할 수는 없다

나는 부정하지 않는다. 한 사람이 자신에게 끼친 해악은, 가까운 이들의 감정과 이해에 깊은 상처를 남길 수 있다. 나아가 규모는 작지만 사회 전체에도 적잖은 영향을 미칠 수 있다. 이러한 행위로 인해 그가 타인에게 지는 명백한 의무를 위반하게 된다면, 그 행위는 '자기 자신만을 해치는 범주'를 벗어난다. 이때 비로소 진정한 의미에서 도덕적 비난이 정당화된다.

예컨대 방탕하거나 사치스러워 빚을 갚지 못하게 되거나, 가족을 부양하고 자녀를 교육할 도덕적 책임을 지고도 같은 이유로 이를 저버린다면, 그는 마땅히 도덕적 비난을 받아야 한다. 그리고 필요하다면 정당한 처벌을 받는 것도 당연하다.

문제의 핵심은 사치 그 자체가 아니라, 가족과 채권자에게

져야 할 책임을 저버린 데 있다. 아무리 신중한 투자였더라도, 쓸 곳을 어기고 돌아선 순간부터 책임은 피할 수 없다. 분수를 잊고 경계를 넘는 행위는 어디서든 가볍게 여겨지지 않는다.

조지 반웰(George Barnwell, 18세기 영국 도덕극 〈런던 상인〉의 주인공—옮긴이)은 내연녀에게 돈을 바치기 위해 자신의 삼촌을 살해했다. 그러나 설령 사업 밑천을 마련하려고 삼촌을 죽였다고 해도 결과는 똑같이 교수형이었을 것이다.

또한 나쁜 습관에 빠져 가족에게 고통을 안긴 사람도 무정하거나 배은망덕하다는 이유로 도덕적 비난을 받을 만하다. 비록 그가 빠진 습관이 본질적으로 비도덕적인 것이 아니더라도, 함께 살아가는 이들이나 정서적으로 그에게 의지하는 이들에게 상처을 주었다면, 그 역시 비난을 피할 수 없다.

타인의 이익이나 감정을 배려하지 않은 사람이 더 중대한 의무를 이행한 것도 아니고 정당한 자기 보호를 위한 것도 아니라면, 그러한 배려의 부족에 대해서는 도덕적 비난을 받아야 한다. 다만 그 원인 자체나 그러한 실패를 빚는 데 간접적으로 작용한 개인적 약점들까지 도덕적 비난의 대상이 되는 것은 아니다. 이처럼 오직 자신만을 위한 삶의 방식으로 인해 스스로 공적 책무를 감당할 수 없게 된 사람은, 결과적으로 사회에 대한 도덕적 의무를 저버린 잘못을 저지른 셈이다.

단지 술에 취했다는 이유만으로 누군가를 벌해선 안 된다. 그러나 군인이나 경찰처럼 맡은 바 공적 책임이 무거운 사람이 근무 중 술에 취했다면, 응당 그에 따른 처벌이 있어야 한다. 다시 말해, 어떤 행위가 개인이든 사회든 누군가에게 분명한 해를 끼쳤거나 해를 끼칠 뚜렷한 위험이 있다면, 그 순간부터 그 행위는 더는 '자유의 들판(province of liberty)'에 머무를 수 없고, 도덕이나 법이라는 울타리 안으로 들어가야 한다.

어떤 사람이 공적인 의무를 어긴 것도 아니고, 자신 외엔 그 누구에게도 분명한 해를 끼치지 않았다면, 그 행위로 인한 불편함과 손해는 사회가 감내할 수 있다. 비록 그것이 '구성적 피해(constructive injury)'라 하더라도, 즉 실제 피해는 없지만 사회가 해가 될 수 있다고 여기는 경우라 하더라도 마찬가지다. '인간의 자유'라는 더 큰 가치를 지키기 위해 감수해야 한다.

만약 성인인 그가 자기 자신을 제대로 돌보지 않았다는 이유로 처벌해야 한다면, 차라리 그 사람을 위한 처벌이라고 솔직히 말하는 편이 낫다. 사회에 도움이 되지 못할까봐 그를 처벌한다는 건 그럴듯한 핑계일 뿐이다. 애초에 사회는 그런 도움을 강제로 요구할 권리가 있다고 말한 적도 없지 않은가. 그런데도 사회가 '이성적인 존재'의 기준에 미치지 못하는 사람들을 끌어올리는 방법이 '그들이 비이성적인 행동을 할 때까지 기다렸다가 그제야 법이나 도덕으로 처벌하는 것뿐'이라니, 그런 논의는 납득할 수 없다.

사회는 한 개인의 삶에서 가장 이른 시기를 온전히 지배해왔다. 즉 한 개인의 유년기와 미성년기 전체가 사회의 손에 놓여 있었다. 그 긴 시간 동안, 사회는 그들을 이성적인 존재로 길러낼 충분한 기회가 있었다.

지금의 세대는 다음 세대의 교육은 물론이고 그들이 살아갈 환경까지도 좌우할 수 있는 위치에 있다. 물론 그들을 완전히 지혜롭고 선한 존재로 길러내는 일은 쉽지 않다. 애초에 지금 세대부터가 지혜와 덕에 부족한 점이 적지 않기 때문이다. 정성을 다해도 사람을 바르게 이끄는 일은 언제나 뜻대로 되지 않는다. 그럼에도 세대 전체로 보자면 다음 세대를 지금보다 조금 더 나은 사람들로 길러내는 일은 충분히 가능하다.

사회가 수많은 사람을 그저 어른이 된 아이처럼 자라게 방치했다면, 그리고 그들이 먼 앞날을 이성적으로 내다보고 행동할 줄 모르게 만든 책임이 있다면, 그에 따른 결과 역시 사회가 감당해야 한다.

사회는 '교육'이라는 강력한 수단을 쥐고 있을 뿐 아니라, 판단력이 부족한 이들의 마음을 지배하는 '통념의 권위'까지 등에 업고 있다. 이 모든 힘을 가진 사회가 개인의 사적인 삶에까지 간섭하며 명령을 내리고 복종을 강요하려 한다면, 이는 사회의 책무가 아니라 개인의 삶을 침범하는 일이다.

무엇이 정의롭고 무엇이 바람직한 정책인지 묻는다면, 그 결정은 결국 그 결과를 온전히 감당해야 할 사람의 몫이어야 한다. 사람의 행동을 이성적으로 이끌 수 있는 더 나은 길이 있음에도 굳이 거칠고 낮은 수단에 의존한다면, 그 순간부터 정당하고 효과적인 방식들까지 신뢰를 잃게 된다.

누군가에게 신중함이나 절제를 억지로 강요하려 한다면, 그리고 그들 중에 자율성과 강단을 지닌 이들이 있다면, 그들은 그런 굴레에 결코 순순히 고개를 숙이진 않을 것이다. 오히려 자신의 뜻을 꺾으려는 억압에 맞서며 기꺼이 반대로 행동함으로써 저항할 것이다. 이런 사람들은 남에게 피해를 주지 않는 한, 자신의 삶에 누구도 간섭할 권리는 없다고 여긴다. 그래서 누군가 억지로 절제나 신중함을 강요하면, 오히려 정반대의 행동으로 저항하기도 한다. 그렇게 해야만 자신의 자유와 독립성을 지킬 수 있다고 믿기 때문이다. 실제로 찰스 2세 시기 영국에서는 청교도들이 지나치게 도덕을 강요한 데 대한 반발로 사람들이 오히려 더 노골적이고 거친 행동을 일부러 드러내며 그 권위를 조롱하기도 했다.

"타락하거나 방탕한 삶이 다른 이들에게 해로운 본보기가 될 수 있으니, 그 영향을 막기 위해 사회가 개입해야 한다"는 주장도 있다. 그 주장에도 일리는 있다. 특히 누군가가 타인에게 해를 끼치고도 아무런 책임도 지지 않을 때, 그 모습은 분명히 해로운 영향을 남긴다.

그러나 이 논의의 핵심은 '남에게 피해를 주지 않으면서도 본인에게 해롭다고 여겨지는 행동'에 있다. 그런 행위가 진정 해롭다면, 그 결과도 고통이나 수치로 이어질 것이다. 그 자체로도 다른 이들에게 경각심을 주기에 충분하다. '잘못된 선택이 고통을 낳는다'는 사실은 말보다 강한 힘을 가진다. 그렇다면 그런 사례는 사회에 해를 끼치기보다 오히려 더 큰 깨달음을 줄 수 있다.

도덕이라는 이름으로 통제해 자유를 침해해선 안 된다

개인의 사적 영역에까지 사회가 간섭하려 할 때, 반대해야 할 가장 결정적인 이유는 따로 있다. 간섭 자체가 문제인 게 아니라, 그 간섭이 어김없이 엉뚱한 방식으로 엉뚱한 대상에게 향하기 때문이다.

타인에 대한 의무나 사회적 도덕처럼 공동체 전체에 영향을 미치는 사안은 성격이 다르다. 이런 경우, 다수의 판단이 종종 틀릴 수는 있어도 오히려 옳을 가능성이 더 크다. 결국 그 판단은 옳고 그름을 가리는 엄격한 도덕적 판단이라기보다, 그 해당 행위가 자기에게 해가 될지 이익이 될지를 따지는 계산에 가깝다.

하지만 자기 자신에 관한 문제까지 다수의 의견이 법처럼 소수에게 강요될 때는 얘기가 달라진다. 이런 경우, 그 판단이 옳을지 그를지는 확률상 반반이다. 이런 문제에서 여론이란 결국 '남의 일에 자기 기준을 들이대는 의견'에 불과하기 때문이다. 심지어 그조차도 없이 많은 경우 다수는 남의 기호나 편의를 전혀 고려하지 않은 채 그저 자신만의 취향과 불편함만을 기준 삼아 남의 삶에 무심하게 간섭하고 만다.

어떤 사람들은 자신이 불쾌하게 여기는 행동을 보기만 해도, 그것이 곧 자기에게 해를 끼친 일이라고 여긴다. 단지 감정이 상했다는 이유만으로, 마치 인격적 모욕이라도 당한 듯이 격렬하게 반응하기도 한다.

그 대표적인 사례가 종교적 광신자들이다. 자신과 다른 신앙을 가진 사람들이 예배드리는 모습만 보고도 불쾌하다고 말하며, 그것이 자신의 종교적 감정을 무시한 일이라고 큰소리친다. 하지만 어떤 사람이 자기 신념을 지키려는 태도와, 그 신념이 불쾌하다는 이유로 타인이 느끼는 반감은 같은 무게로 다뤄질 수 없다. 두 감정은 본질부터 다르며, 비교의 대상이 아니다. 그 둘을 동등하게 놓는다면, 남의 지갑을 탐내는 도둑의 욕망과 그 지갑을 지키려는 주인의 권리를 같은 선상에서 다루는 것이나 마찬가지다.

취향 또한 의견이나 재산처럼 지극히 개인적인 영역에 속한다. 개인의 선택이 엇갈릴 수밖에 없는 문제라면, 사회는 그 자유를 존중해 침해하지 않고 조용히 비켜서 있어야 한다. 그리고 오직 누구에게나 명백히 해롭다고 오랜 경험을 통해 확인된 행위에 대해서만 단호하게 제재를 가하는 사회가 이상적인 공동체의 모습일 것이다. 하지만 그런 식으로 간섭의 경계를 지킨 대중이 과연 있었던가? 그리고 대중이 이성적 기준이나 축적된 경험을 근거로 판단한 적이 과연 있었던가?

그럼에도 이런 기준은 종교와 철학의 외피를 두른 채 마치 도덕의 진리인 양 포장되어 세상에 유포된다. 그리고 도덕가와 사상가 열 명 중 아홉은 이 편협한 기준을 마치 인류 보편의 지혜라도 되는 양 정당화하는 데 일조하고 있다. 그들은 "옳은 것은 그저 우리가 옳다고 느끼기 때문"이라고 말한다. "각자의 마음과 양심에서 자신은 물론 타인에게도 적용될 '삶의 법칙'을 찾아야 한다"고 주장한다. 여럿이 비슷하게 느낀다는 이유만으로, 그 감정을 선악의 기준으로 삼아 세상 모두에게 들이대는 것이다.

이 폐해는 단지 이론 속에만 존재하는 것이 아니다. 오늘날에도 다수가 자기 취향에 도덕적 권위를 덧씌워 그 기준을 모두에게 적용하려 드는 모습은 어렵지 않게 찾아볼 수 있다. 그렇다면 이제는 그런 구체적 사례들을 짚어야 하지 않느냐는 요구가 제기될 법도 하다.

물론 나는 지금, 사람들이 '이게 옳다'고 느끼는 감정을 곧바로 도덕 기준으로 삼아버리는 그 전반적인 경향을 논하려는 것은 아니다. 그것은 곁다리로 덧붙일 성격의 주제가 아니며, 단순한 예시로 가볍게 다룰 수 있는 문제도 아니다. 다만 내가 말하는 원칙이 공허한 주장이 아니라 실제로 중요한 현실의 문제라는 점을 보여주기 위해 몇 가지 사례는 제시할 필요가 있다.

나는 실체도 없는 문제를 상정해 불필요한 경계를 세우려는 것이 아니라는 점을 분명히 해두고 싶다. 도덕이라는 이름으로 통제의 범위를 넓히다 못해 결국에는 누구도 의심하지 않을 개인의 자유마저 침해하게 되는 일이 빈번한데, 이것이야말로 인간이 자주 보이는 위험한 경향 중 하나다. 그리고 그런 사례는 이미 셀 수 없을 만큼 차고 넘친다.

누군가의 불쾌함이
자유를 제한할 이유가 될 수 없다

　사람들은 종교적 신념이 다르다는 이유만으로, 혹은 금기를 지키지 않는다는 이유만으로 타인에게 반감을 품는다. 예컨대 이슬람교도가 기독교인을 미워하는 이유 중 하나는 기독교인이 돼지고기를 먹는다는 점이다. 비록 그것이 신앙의 핵심 내용과는 무관하더라도 말이다.

　기독교인이나 유럽인이 싫어하는 행위 중 '이슬람교도가 돼지고기를 먹는 모습을 바라보는 이슬람교도의 혐오'만큼 강한 것도 드물다. 물론 이 행위는 그들의 종교에서 금지된 것이긴 하지만, 그것만으로는 그 혐오의 강도나 성질을 온전히 설명할 수 없다. 와인 역시 종교적으로 금지되어 있지만, 와인을 마시는 행위에 대해 비슷한 수준의 혐오를 느끼는 일은 드물다.

이슬람교도의 돼지고기 혐오는 단순한 종교적 금기에서 비롯된 것이 아니다. 그것은 거의 본능에 가까운 반감처럼 작동한다. '부정한 동물(unclean beast)'이라는 관념이 감정 깊숙이 자리 잡으면, 위생 상태와 무관하게 강한 거부감을 불러일으키게 마련이다. 힌두교도들이 특정 음식이나 존재를 종교적으로 부정하다고 느끼는 것도 이와 유사한 사례다.

이제 상상해보자. 만약 이슬람교도가 다수인 국가에서, 그들이 느끼는 혐오감을 근거로 국가 전체에서 돼지고기 섭취를 금지하려 한다면 어떤 일이 벌어질까? 이러한 조치는 실제로 일부 이슬람교도 국가에서는 낯설지 않게 시행되고 있다. 그렇다면 이를 공적인 도덕 권위의 정당한 행사로 볼 수 있을까? 만약 아니라면, 그 이유는 무엇인가?

이슬람교도에게 돼지고기 섭취는 단순한 식습관의 문제가 아니라 혐오의 대상 그 자체다. 신이 그것을 금했고, 신도 그것을 혐오한다고 믿는다. 그러니 이런 금지를 종교 탄압이라고 단정 짓기도 어렵다. 그 조치가 종교적 배경에서 비롯된 것이긴 해도 이를 종교 박해라 부르긴 어려운 까닭은, 어느 종교도 돼지고기를 반드시 먹으라고 요구하지 않기 때문이다. 결국 논점은 개인의 기호나 자기 삶의 방식에까지 사회가 개입하려 드는 그 행위 자체에 있다.

　좀 더 현실적인 사례를 보자. 스페인 사람들의 다수는 로마 가톨릭 이외의 방식으로 신을 예배하는 행위를 극히 불경스러운 행위이자 신에 대한 중대한 모독이라 여긴다. 그래서 스페인에서는 로마 가톨릭 이외의 공적 예배가 법적으로 허용되지 않는 경우도 있다. 또한 남유럽 사람들은 결혼한 성직자를 단순히 신앙에 어긋난 존재로 보는 데 그치지 않는다. 결혼한 성직자를 부도덕하고, 추잡하며, 보기조차 민망한 존재로 여기는 경우가 많다.

　이러한 감정은 억지나 선입견이 아니라, 그들 나름의 신념에서 비롯된 진심이다. 그렇다면 개신교도는 가톨릭 신자들이 느끼는 이런 감정과, 그 감정을 바탕으로 다른 신자들의 예배 방식까지 억누르려는 태도를 어떻게 받아들여야 할까?

　만약 누군가의 불쾌함이 자유를 제한할 정당한 이유가 될 수 있다면, 결혼한 성직자를 혐오하는 다수가 그 관행을 금지하려는 시도 역시 정당화될 수 있다. 그렇다면 우리는 이러한 시도를 어떤 논리로 배제할 수 있을까? 신과 사람 앞에서 수치스럽다고 여기는 행위를 없애려는 시도를, 우리는 어떤 근거로 비난할 수 있겠는가?

어떤 행위를 '부도덕하다'고 여겨 금지하려는 시도가, 그것을 '신에 대한 모독'이라 믿고 억누르려는 시도보다 더 정당하다고는 말할 수 없다. 우리가 그들의 억압은 '부당하다'고 비난하면서 "우리는 옳고, 저들은 틀렸기에 그럴 자격이 없다"라고 말한다면, 그건 다름 아닌 박해자가 써왔던 논리를 그대로 되풀이하는 셈이다. 만약 자신에게 적용될 경우 분명 부당하다고 느낄 원칙이라면, 그것을 남에게 들이대는 순간에도 반드시 스스로를 돌아보며 조심해야 한다.

지금까지의 사례들은 영국 사회에서는 벌어질 수 없는 일이라며 반박하는 이들도 있을 것이다. 그 반박이 설득력은 떨어지더라도, 이 나라에서는 음식이나 예배 방식, 결혼 여부 같은 문제로 개인의 삶에까지 간섭할 가능성은 크지 않다고들 생각하니 말이다. 하지만 이제 다룰 다음 사례는 다르다. 그것은 지금 이곳에서도 여전히 사라지지 않은 '현실적인 자유 침해'의 문제다.

청교도들이 권력을 쥔 곳에서는(예컨대 뉴잉글랜드나 영국 공화정 시기처럼) 사람들이 함께 누리던 여가 활동들—특히 음악이나 춤, 경기, 모임, 극장 같은 활동들—을 신앙에 어긋난다고 보고 철저히 억제했다. 실제로 삶의 여유와 기쁨이 머물던 많은 자리가 그렇게 하나둘 사라져갔다.

　오늘날 이 나라에도 오락이나 여가 활동을 도덕이나 종교의 이름으로 부정적으로 보는 사람들이 여전히 적지 않다. 이들은 대체로 중산층에 속하며, 사회와 정치 전반에서 가장 큰 영향력을 행사하는 계층이기도 하다.

　그런 흐름을 고려하면, 언젠가 이들과 같은 신념을 지닌 사람들이 의회에서 다수를 차지하게 될 가능성도 완전히 배제할 수는 없다. 만약 이 사회의 나머지 사람들이 엄격한 칼뱅주의자나 감리교도의 종교적·도덕적 기준에 따라 여가의 범위까지 제한받는다면, 그것을 기꺼이 받아들일 수 있을까? 아마 대부분은 꽤 단호하게 이렇게 말할 것이다. "당신들 일이나 신경 쓰세요." 그리고 그 한마디는, 자신들이 불편하다는 이유로 남의 즐거움까지 없애려 드는 모든 정부와 대중에게 되돌려져야 한다.

　하지만 그런 원칙이 한 번 받아들여지면, 그 적용 기준은 결국 이 나라에서 힘을 가진 다수나 지배적 세력의 뜻에 따르게 된다. 그리고 언젠가 뉴잉글랜드 초기 정착민들처럼 강경한 신앙을 지닌 집단이 잃었던 영향력을 다시 회복하게 된다면, 모든 사람들은 그들이 꿈꾸는 '기독교 공동체'의 규범에 맞춰 살아가라는 요구 앞에 더는 자유롭게 저항하기 어려워질지도 모른다.

잘못되었다고 여기는 것은
뭐든 법으로 금지하려 드는 사회

조금 더 현실적인 시나리오를 떠올려보자. 오늘날 세계는 정치 제도의 형태와는 관계없이 사회 전체가 점점 더 민주주의 원리에 따라 구조화되는 방향으로 나아가고 있다. 이 흐름은 단지 제도적 민주주의를 넘어, 대중 여론이 사실상 도덕과 삶의 기준까지 좌우하려는 경향으로까지 확산되고 있다.

사회와 정부 모두에서 민주주의가 가장 철저히 실현된 국가인 미국에서는, 대다수가 따라잡을 수 없다고 느끼는 과시적이고 값비싼 생활 방식에 대해 강한 반감을 드러내는 경향이 강하다. 결국 그런 정서가 사치를 견제하는 무언의 사회적 압력으로 작용하고, 그 탓에 미국의 여러 지역에서는 넉넉한 수입이 있는 사람조차 대중의 시선을 의식하며 소비 방식을 조심스럽게 고민해야 하는 상황이 벌어진다.

이러한 이야기가 지금의 현실을 과장해 묘사한 것처럼 보일 수도 있다. 그러나 이는 결코 허황된 상상이 아니다. 민주주의적 정서에, 개인의 소득 사용 방식에 대해 '사회가 일종의 거부권을 가질 수 있다'는 생각이 더해지면, 이는 충분히 현실이 될 수 있을 뿐 아니라 이미 실제로 그렇게 흘러가고 있을 가능성도 적지 않다.

사회주의적 사고방식이 널리 퍼지기라도 하면, 다수의 눈에는 일정 수준 이상의 재산을 가졌다는 사실 자체가 수치스럽고 비난받아 마땅한 일처럼 여겨질 수 있다. 육체노동이 아닌 방식으로 얻는 소득 또한 도덕적으로 의심받는 영역으로 취급될 가능성이 크다. 이러한 인식은 이미 노동 계층 내부에 깊숙이 뿌리내렸으며, 동료 집단의 시선을 벗어나기 어려운 분위기 속에서 그런 여론은 실질적인 사회적 압박으로 작용하고 있다.

많은 산업 현장에서 저숙련 노동자가 다수를 이루고 있고, 그들 사이에서는 '모두가 동일한 임금을 받아야 한다'는 생각이 깊게 자리 잡고 있다. 그래서 누군가가 더 뛰어난 실력이나 성실함을 바탕으로 성과급 등 어떤 방식으로든 더 많은 보수를 받게 되면, 정서적으로 받아들여지지 않는 분위기마저 형성되어 있다. 이들은 숙련 노동자가 더 많은 보수를 받는 것을 막고, 고용주가 그에 맞는 대가를 지불하지 못하도록 도덕적 압박은 물론이고 때로는 물리적 수단까지 동원한다.

그렇다면 대중이 개인의 사적인 삶에까지 개입할 권한이 있다고 믿는 상황에서, 이들의 행동이 과연 그릇된 것이라 할 수 있을까? 특정 집단이 내부적으로 공유하는 도덕 기준을 구성원에게 그대로 적용했다면, 사회 전체가 개인에게 그것을 적용하는 일과 본질적으로 어떤 차이가 있다고 할 수 있을까?

가상의 상황에 의존하지 않더라도, 오늘날 현실에서 사적 삶의 자유는 이미 거칠게 침해당하고 있으며, 그보다 더 광범위한 침해가 머지않아 실현될 가능성도 보인다. 나아가 '대중에게는 사실상 무제한의 권리가 있다'는 주장까지도 등장하고 있다. 대중이 잘못된 일이라고 여기는 것은 무엇이든 법으로 금지할 수 있을 뿐 아니라, 그 '잘못'을 겨냥한다는 이유만으로 정작 해롭지 않다고 스스로 인정한 것들까지 함께 금지해도 된다는 주장이다.

'절제를 법으로 강제한다'라는 명분 아래, 한 영국 식민지와 미국의 거의 절반에 해당하는 지역에서는 발효주(fermented liquor)의 사용이 의료 목적을 제외하고는 법으로 전면 금지되었다. 판매를 금지한다는 것은, 실제 목적이 그러하듯 사용 자체까지 금지하겠다는 의도를 내포한다. 이 법은 실제로 시행 자체가 어려웠기 때문에, 이 법의 이름이 유래된 주를 포함해 이를 채택했던 여러 주에서 폐지되었다. 그럼에도 불구하고 이와 유사한 법을 영국에도 도입하자며 운동을 벌이는 이들이 있다. 그들은 스스로를 인도주의자라고 자처하며 상당한 열의를 가지고 그 주장을 밀어붙이고 있다.

이 목적을 위해 결성된 금주 운동 단체는 스스로를 '얼라이언스(Alliance)'라 칭했으며, 이 단체의 총무가 한 정치인과 주고받은 공개 서신이 세간의 주목을 받으면서 이름을 알리게 되었다. 그 정치인은 오늘날 보기 드물게 '정치적 신념은 원칙에 기반해야 한다'고 믿는 영국의 대표적 인물이었다. 그는 스탠리 경(Lord Stanley, 훗날 영국 총리를 세 차례나 지낸 정치인—옮긴이)이었다.

이번 서신에서 드러난 그의 태도는, 그에게 기대를 걸어온 이들의 신뢰를 한층 더 굳건히 하는 데 일조했다. 그는 정치 세계에서 좀처럼 보기 힘든 도덕적 일관성과 원칙적 태도를 이전의 여러 공개 발언을 통해 보여준 바 있었고, 이를 기억하는 이들의 기대는 결코 가볍지 않다.

얼라이언스에서 발간한 기관지에서 그 단체의 총무는 "편협과 박해를 정당화하는 데 악용될 수 있는 어떤 원칙도, 우리는 깊이 유감스럽게 여긴다"라고 밝히며, 자신들의 입장과 그런 원칙들 사이에는 "결코 넘을 수 없는 분명한 경계선이 있다"고 강조했다.

그러면서 얼라이언스 측 총무는 이렇게 말했다. "사상, 의견, 양심에 관한 문제는 법으로 다룰 일이 아니라고 본다. 반면에 사회적 행동이나 생활 습관, 인간관계 같은 사안은 개인의 문제가 아니라 국가가 재량으로 다룰 수 있는 영역이기 때문에 입법의 대상이 될 수 있다고 생각한다."

스탠리 경은 입법이 다뤄야 할 문제를 이처럼 두 가지 범주로만 나누었을 뿐, 이 둘과는 또 다른 제3의 범주, 즉 '사회적이지 않고 전적으로 개인적인 행위와 습관'에 대해서는 아무런 언급도 하지 않았다. 그러나 발효주를 마시는 행위는 명백히 이 세 번째 범주에 해당한다. 반면 술을 파는 일은 분명 '거래'에 해당하며, 거래는 사회적 행위의 영역에 속한다. 하지만 이 경우 침해받는 자유는 판매자의 자유가 아니라, 구매자이자 소비자인 개인의 자유다. 국가가 포도주를 마시지 말라고 직접 금지하는 것이나, 그 술을 어디에서도 구할 수 없게 만드는 것이나, 결국 본질적으로는 같은 결과를 낳는다.

이에 대해 얼라이언스 측 총무는 이렇게 말했다. "나는 시민으로서, 내 사회적 권리를 침해하는 행위에 대해 법으로 제재할 수 있는 정당한 권리가 있다고 믿는다."

스탠리 경은 이 '사회적 권리'를 이렇게 정의했다. "내 사회적 권리를 침해하는 것이 있다면, 독주 거래만큼 분명한 예도 없다. 그로 인해 사회적 혼란이 끊임없이 부추겨지고, 나는 가장 기본적인 권리인 '안전'조차 위협받는다. 게다가 누군가는 남의 고통으로 이익을 챙기고, 그 고통의 뒷수습은 내 세금으로 감당해야 한다면, 그것이 평등의 침해가 아니고 무엇이겠는가. 그런 거래는 내 도덕적·지적 성장의 자유를 가로막는다. 온갖 위험이 내 앞길을 에워싸고, 내가 협력과 교류를 기대할 수 있는 사회 전체를 약화시키며 타락하게 만들기 때문이다."

이른바 '사회적 권리(social rights)'라는 이론이 이토록 구체적인 언어로 주장된 사례는 아마 전례가 없을 것이다. 그 논리의 요지를 정리하면 이렇다. 모든 개인은 언제 어느 경우든, 오직 '도리'에 맞는 방식으로만 행동해야 하며, 그 기준에서 단 한 치라도 벗어나는 순간 그 행위는 곧 타인의 사회적 권리를 침해한 것이 되고, 그 침해에 대해서는 국가가 나서서 바로잡아야 한다는 주장이 된다.

이런 식의 논리는 특정한 하나의 자유를 침해하는 개별적인 간섭보다 훨씬 더 위태롭다. 자유에 대한 어떤 제약도 손쉽게 정당화할 수 있게 만들고, 결국 자유라는 개념 자체를 근본부터 무너뜨린다.

허용된다고 볼 수 있는 유일한 자유가 있다면, 자기 생각을 마음속에만 간직한 채 끝내 밖으로 드러내지 않는 '침묵의 권리'쯤일 것이다. 사회적으로 해롭다고 여겨지는 어떤 생각이 입 밖으로 흘러나오는 순간, 그 행위는 곧 얼라이언스가 주장하는 이른바 '사회적 권리' 전체를 침해한 것으로 간주된다. 이 논리에 따르면, 인간은 누구나 타인의 도덕적·지적, 더 나아가 신체적 완전성에 대해서까지 일종의 권리를 가진 존재로 간주되며, 그 완전성의 기준은 각자가 임의로 정해도 상관없다는 주장으로까지 이어진다.

개인의 자유로운 선택에
법이 개입해서는 안 된다

개인의 정당한 자유를 침해하는 부당한 간섭 가운데 하나로, 단순한 주장이나 논란을 넘어 이미 오래전부터 실제로 제도화된 대표적 사례가 있다. 바로 안식일 관련 입법이다. 유대교 신자를 제외하면 종교적으로 반드시 지켜야 할 의무는 없지만, 삶의 여건이 허락하는 범위 내에서 일주일에 하루쯤은 일상의 노동에서 벗어나 휴식을 취하는 관행 자체는 분명 유익한 풍습이라 할 수 있다.

이러한 관습은 특히 노동 계층 사이에서 서로 일정한 합의가 이루어지지 않으면 제대로 유지되기 어렵다. 일부가 계속 일함으로써 다른 이들까지 어쩔 수 없이 일하게 되는 상황이라면, 공통의 휴식을 보장하기 위해 법이 개입할 여지도 생긴다. 특정한 날에는 주요 산업 활동을 멈추도록 법이 뒷받침하는 조치도 사회적 합의 아래에서는 정당한 것으로 받아들여질 수 있다.

그러나 이런 식의 정당화가 통할 수 있는 건, 여럿이 함께 지켜야 유지되는 '생계 관련 관행'에 한정된다. 개인이 자유롭게 선택한 여가 활동에는 적용되지 않으며, 여가나 오락처럼 개인이 전적으로 자유롭게 선택하는 행위에까지 법이 개입하는 것은 그 어떤 논리로도 정당화될 수 없다.

누군가의 여가가 다른 이의 하루치 노동이 되는 경우가 있다는 점은 부정할 수 없다. 그러나 그 일이 자발적으로 선택된 것이고 언제든 그만둘 수 있는 조건이라면, 소수의 노동을 통해 다수가 누리는 즐거움—더 나아가 유익한 쉼—은 충분히 정당한 가치를 인정받을 수 있다.

노동자들이 "일요일까지 모두 일하게 되면, 엿새 치 임금을 받고도 이레를 일하게 된다"고 우려하는 것도 충분히 타당한 문제 제기다. 그러나 대부분의 직종이 일요일에는 쉬는 상황이라면, 그날에도 타인의 여가를 위해 일하는 소수는 그에 상응하는 추가 소득을 얻고 있으며, 무엇보다 그런 직업을 택하지 않을 자유 역시 보장되어 있다. 만약 추가적인 보완이 필요하다면, 그 직종에 종사하는 사람들에게는 주말이 아닌 평일 중

다른 요일에 휴식을 취하도록 하는 관행을 정착시키는 방안도 고려해볼 수 있다.

결국 일요일에 이루어지는 여가 활동을 제한하려는 주장이 기댈 수 있는 유일한 논거는 '그런 행위가 종교적으로 옳지 않다'는 믿음뿐이다. 그러나 종교적 신념을 입법에 끌어들이는 행위는 그 어떤 방식으로든 단호히 반대해야 마땅하다.

"신에게 저지른 모독은 신이 알아서 갚는다(Deorum injuriæ Diis curæ)." 신의 뜻을 거슬렀다고 여겨지는 어떤 행위라도 타인에게 해를 끼친 것이 아닌 이상, 사회나 국가의 누구도 그에 대한 응징을 신으로부터 위임받았다고 주장할 근거는 없다. 어떤 사람이 '종교를 믿는 것이 옳다'고 여기는 데서 그치지 않고 '다른 사람도 반드시 종교를 믿어야 한다'고 여기는 순간, 종교를 강요하거나 믿지 않는 이를 처벌하려는 태도가 정당한 듯 포장되기 시작한다. 실제로 역사상 거의 모든 종교 박해는 바로 그러한 생각에서 비롯되었다.

일요일에 기차 운행을 중단시키려 하거나, 박물관 개장을 막으려는 반복적 시도들은, 겉으로는 과거 박해자들의 잔혹함을 드러내지 않을지 몰라도 그 밑바탕에 깔린 인식은 본질적으로 다르지 않다. 자신의 종교에서 금지된 일이라면 다른 이의 종교에서 허용되는 일일지라도 받아들이지 않겠다는 태도, 나아가 그런 행위를 내버려두면 하느님이 우리 모두에게 책임을 물을 것이라는 신념이 그 바탕에 깔려 있다.

인간의 자유가 얼마나 하찮게 여겨지고 있는지를 보여주는 대표적 사례를 하나 더 들지 않을 수 없다. 모르몬교라는 이례적인 종교 현상이 언론에 등장할 때마다, 영국 언론은 너무나 당연하다는 듯 노골적인 박해의 언어를 쏟아낸다. '새 계시'를 바탕으로 세워졌다고 주장하는 한 종교가, 창시자에게 특별한 인격적 카리스마조차 없고 누가 봐도 사기극에 가까운 방식으로 등장했음에도 수십만 명의 신자를 모으고 실제로 하나의 사회를 이룰 기반이 되었다는 사실은 참으로 뜻밖이면서도 시사하는 바가 크다. 더욱 놀라운 것은 이런 일이 신문이 모든 소식을 전하고 철도가 사람과 물자를 실어 나르며 전신이 실시간으로 세상을 연결하는 이 현대 문명 속에서 벌어졌다는 점이다.

우리가 주목해야 할 것은, 이 종교 역시 다른 많은 종교와 마찬가지로 박해를 받아왔다는 사실이다. 모르몬교의 예언자이자 창시자는 군중에 의해 목숨을 잃었고, 그 외의 신자들 역시 같은 식의 무참한 폭력에 희생되었다. 그들은 자신들의 신앙이 뿌리내렸던 땅에서 집단으로 쫓겨나, 현재는 광야 한복판의 외딴 지역에 겨우 터전을 잡은 상태다. 그런데도 오늘날 영국에는 "군대를 보내 그들을 억지로 굴복시키고, 다른 이들의 생각에 따르게 해야 한다"고 공공연히 말하는 이들이 여전히 존재한다. 단지 지금은 시기나 여건이 맞지 않을 뿐, 그렇게 행동하는 것이 '옳다'고 강하게 믿고 있을 따름이다.

모르몬교 교리 중 특히 강한 반감을 불러일으키며, 평소 같으면 종교적 관용 속에 묻혔을 적대감마저 터뜨리게 만드는 조항은 '일부다처제'를 인정한다는 점이다. 이 일부다처제는 이슬람교도나 힌두교도, 중국 문화권에서는 허용되는 관행이지만, 영어를 쓰고 자신을 기독교 문화권에 속한다고 여기는 사람들이 이를 행할 경우에는 유난히 거센 반감을 자아내는 듯하다.

모르몬교의 일부다처제에 대해 나 역시 누구보다도 강한 반감을 품고 있다. 다른 이유도 있지만, 무엇보다 이 제도는 자유의 원칙과는 근본적으로 거리가 멀 뿐 아니라 그 원칙을 정면으로 거스르기 때문이다. 이런 제도는 공동체의 절반에게는 더 무거운 굴레를 단단히 씌우고, 나머지 절반에게는 그들에 대한 책임에서 벗어날 특권만을 안겨줄 뿐이다. 그럼에도 불구하고 모르몬교의 일부다처제라는 결혼 관계를 기꺼이 받아들인 여성들, 그리고 그로 인해 피해를 입었다고 여겨지는 이들조차도 다른 형태의 결혼과 마찬가지로 스스로 그 길을 택한 경우가 많다. 이 사실이 다소 놀랍게 느껴질 수는 있지만, 그 배경에는 결혼을 여성 인생의 필수 과제로 여기는 사회적 통념과 관습이 뿌리 깊게 자리하고 있다. 그런 사회에서는 결혼하지 못하느니 일부다처제 속의 '한 아내'가 되기를 스스로 택하는 여성들이 생기는 것도 이상할 것이 없다.

모르몬교 신자들은 다른 나라에 자신들의 결혼 방식을 인정해달라고 요구한 적이 없고, 자신들의 그 신념을 이유로 자국민 일부를 법 적용에서 제외해달라고 요구한 적도 없다. 그럼에도 불구하고 입장을 달리하는 사람들의 적대감에 대응해 모르몬교도들은 이미 정당한 수준을 훨씬 넘는 양보를 감내해왔다. 그들은 자신의 교리가 받아들여지지 않는 지역을 떠나, 사람이 살지 않던 외딴 지역으로 옮겨가 그곳을 사람이 살아갈 수 있는 터전으로 스스로 개척하며 정착했다.

그들이 다른 국가에 피해를 끼치지 않고, 모르몬교의 삶의 방식이 마음에 들지 않는 사람들에게 '떠날 자유'를 충분히 보장하고 있다면, 그들이 자신들의 방식대로 살아가는 것을 막을 타당한 이유는 존재하지 않는다. 그런 자유를 억누르려는 논리는, 폭정 이외의 어떤 명분으로도 정당화되기 어렵다.

타인의 입을 막는 행위는
결코 정당화될 수 없다

최근 한 저자는 이 일부다처 공동체를 문명으로 끌어올려야 한다며, 본인의 표현을 빌리자면 '십자군'이 아닌 '문명 원정(civilizade)'을 벌이자고 주장했다. 그에게 이 공동체는 문명을 거슬러 퇴행하는 집단처럼 비쳤던 것이다(이 '문명 원정'이라는 표현은 도덕적 교정과 문명 개입을 주장했던 19세기 보수 지식인 토머스 칼라일의 사상을 풍자한 것이다—옮긴이).

나 역시 그 제도가 문명적 가치에 어긋나는 측면이 있다고 생각한다. 하지만 그렇다고 해서 한 공동체가 다른 공동체를 억지로 '문명화'할 권리가 주어지는 것은 아니다. 그 사회의 법이 다소 잘못되었더라도, 당사자들이 딱히 특별한 불만 없이 살아가고 있다면, 수천 킬로미터 떨어진 곳에서 이를 지켜보는 사람들이 단지 '불쾌감'을 느낀다는 이유만으로 그 체제를 무너뜨려야 한다고 말하는 것은 지나치게 오만한 일이다.

그 제도를 문제 삼고 싶다면, 사절을 보내 그 사상의 부당함을 알리는 방식으로 대응하면 된다. 또는 그 관념이 자국 사회에 퍼지는 것이 우려된다면, 정당하고 이성적인 방식으로 자국 내에서 논박하는 식으로 대응하면 될 일이다. 그러나 그 어떤 경우에도 타인의 입을 막는 행위는 정당화될 수 없다.

문명은 세상이 온통 야만에 잠겨 있던 시절에도 결국 그것을 극복하며 살아남았다. 그런데 이제 와서 이미 힘을 잃은 야만이 되살아나 자신을 무너뜨릴까봐 두려워한다면, 그 문명은 결국 자기 기반에 대한 불신을 드러내는 셈이다. 더구나 그 문명을 지켜야 할 사람들조차 침묵하고, 누구 하나 나서서 방어하려는 의지도 없다면, 그 문명은 이미 내부로부터 무너지고 있는 것이다. 그렇다면 그런 문명은 차라리 조용히 무대에서 물러나는 편이 더 온당하다.

그러한 문명은 결국 무너질 수밖에 없다. 끝내 스스로를 다시 일으킬 힘을 상실한 문명은, 서구 제국의 사례처럼 외부에서 밀고 들어오는 거칠고도 생생한 야만에 의해 철저히 파괴된 뒤에야 비로소 다시 시작할 수 있을 것이다.

John Stuart Mill

On liberty

6장

자유의 원칙은 현실에서 어디까지 허용되는가?

> "지금, 이 장은 나와
> 어떤 관련이 있는가?"

───────────────────────────────

1. 철학적 요점 정리
- 이 장은 앞서 다룬 원칙들을 실제 사회 문제에 적용해보는 철학적 실험실 같은 역할을 합니다.
- 교육, 도덕 규범, 음주, 도박, 출판 등 여러 영역에서 해악 원칙이 어떻게 작동해야 하는지 구체적으로 보여줍니다.

2. 사회적 적용 및 현실 연결
- 오늘날 공공정책, 학교 규범, SNS 운영 원칙 등에 밀의 기준은 여전히 논쟁적이지만 유효합니다.
- 독자는 이 장을 통해 철학적 원칙이 어떻게 현실의 정책과 문화 속에서 작동할 수 있는지를 성찰하게 됩니다.

자유의 원칙,
삶 속에서 시험대에 오르다

　원칙은 선언하는 데서 그치지 않고 적용할 수 있어야 비로소 힘을 가진다. 이 책에서 제시한 원칙들 역시 마찬가지다. 그 원칙들이 사회의 다양한 문제를 논의하는 출발점으로 받아들여지지 않는다면, 어디에 어떻게 끌어다 써도 실효성이 없다.
　지금부터 소개할 몇 가지 사례는, 그 원칙들이 현실 속에서 어떤 모습으로 작동하는지를 보여주기 위한 작은 시도다. 여기서 다루려는 것은 이미 정립된 해답이 아니라, 원칙이 구체적인 삶 속에서 어떤 방식으로 드러나는지를 보여주는 몇 가지 단편적 장면들이다.
　이 사례들을 통해 이 글의 핵심을 이루는 두 가지 원칙(타인에게 해를 끼치지 않는 한 개인의 자유는 침해받지 않아야 한다는 것, 그리고 각자는 자기 삶의 최종 결정권자라는 것)이 실제 상황에서 어디까지 적용될 수 있으며, 어떤 지점에서 충돌하거나 균형이 요구되는지를 보다 분명히 드러내고자 한다. 두 원칙 가운데 어느 쪽이 더 적절한지 판단하기가 모호한 경우, 이 사례들이 그 균형을 가늠하는 작은 실마리가 되기를 바란다.

이 글의 핵심은 다음 두 가지 원칙으로 요약될 수 있다. 첫째, 타인의 권익과 무관한 행위에 대해서는 개인이 사회에 책임을 질 필요가 없다. 사회가 취할 수 있는 정당한 대응은 충고, 조언, 설득, 그리고 필요한 경우 회피에 한정된다. 둘째, 타인의 이익을 침해하는 행위에 대해서는 개인이 사회에 일정한 책임을 지며, 사회가 스스로를 보호할 필요가 있다고 판단할 경우에는 그에 따른 제재 역시 정당화될 수 있다.

그러나 타인의 이익이 침해되었다고 해서, 그때마다 매번 사회가 개입할 정당성이 생기는 것은 아니다. 정당한 목적을 좇는 과정에서 누군가가 다치거나 이익을 놓치게 되더라도, 그 자체로 비난받을 수는 없다. 그 목적이 정당하다면, 그로 인한 불이익 또한 정당한 것으로 간주되어야 한다. 이해 충돌은 제도의 한계에서 비롯되는 것이며, 제도가 존재하는 한 완전히 피하거나 제거하기는 어렵다.

경쟁은 자유로워야 하되, 규제는 어디까지 가능한가?

치열한 직업 세계에서 성공한 사람, 고시나 자격시험에서 높은 점수를 받은 사람, 원하는 목표를 놓고 경쟁해 끝내 선택된 사람은 다른 이들의 좌절과 헛된 노력, 실망을 딛고 그 자리에 오른다. 하지만 이런 결과가 따른다고 해서 개인의 도전 자체가 억제되어야 한다는 주장은 받아들여지지 않는다.

'사람은 누구나 주저 없이 자신의 길을 추구할 수 있어야 한다'는 데 일정한 사회적 합의를 이루고 있다. 경쟁에서 탈락한 이들이 그 고통을 이유로 법적이거나 도덕적인 보호를 요구할 권리를 가진다고 사회는 보지 않는다. 사회가 개입하는 것은 오직 단 하나의 경우뿐이다. 성공을 위해 사용된 수단이 사회 전체의 이익을 해치는 경우, 즉 사기나 배신, 폭력 같은 방식이

쓰였을 때다.

　거래는 본질적으로 사회적 행위다. 어떤 사람이 상품을 대중에게 팔겠다고 나서는 순간, 그는 타인의 이익은 물론 사회 전체에 영향을 미치기 시작한다. 따라서 이러한 행위는 원칙적으로 사회의 통제 범주 안에 들어간다. 중요하다고 판단되는 경우 정부가 직접 가격을 정하고 그 제조 과정까지 간섭하는 것이 실제로 한때는 당연하게 여겨지기도 했다.

　그러나 결국 사회는 뼈저린 교훈을 깨달았다. 값싸고 질 좋은 물건을 얻는 길은 단 하나, 즉 생산자와 판매자의 자유를 철저히 보장하고, 소비자에게는 마음껏 다른 선택지를 고를 수 있는 권한을 주는 것이다. 이것이 바로 '자유무역(Free Trade)'이라 불리는 원칙이다. 이 원칙은 이 글이 내세우는 '개인의 자유'와 그 논리 구조는 다르지만 무게와 정당성에서는 결코 뒤지지 않는다.

　무역이나 상업적 생산에 대한 규제는 분명 하나의 제약이며, 모든 제약은 그 자체로 하나의 악(惡)이다. 그러나 이러한 규제는 사회가 개입할 수 있는 정당한 영역에 한정되어야 하며, 그 규제가 비판받는 이유 역시 기대한 효과를 제대로 내지 못했기 때문이다. 다시 말해, 목적한 결과가 따라오지 않는다면 그 정당성 또한 설 자리를 잃게 되는 것이다.

'개인의 자유'라는 원칙은 자유무역의 주장과 직접 연결되지 않으며, 그 적용 범위 역시 경제 영역 전반으로 무제한 확장되지는 않는다. 예를 들어, 식품의 혼합이나 위조를 막기 위한 공적 개입, 혹은 위험한 작업에 종사하는 노동자를 보호하기 위한 위생 조치나 안전 기준의 강제 등은 개인의 자유를 침해하는 것으로 보기 어렵다. 이러한 경우 논의의 핵심은 '자유' 그 자체가 아니라, 그 조치가 실제로 '공익'에 부합하는가에 있다.

'개인만의 문제'처럼 보여도
때로는 간섭이 정당화될 수 있다

　이런 문제들이 자유와 관련된다고 해도 그 의미는 단지 '가능하면 개인의 선택에 맡기는 편이 낫다'는 정도에 머무를 수 있다. 그러나 오늘날에는 상황에 따라 통제가 필요하고, 그것이 정당화될 수 있다는 사실이 상식처럼 받아들여지고 있다. 그러나 일부 조치는 자유의 본질 자체를 정면으로 건드린다. 예컨대 앞서 언급한 '메인주의 금주법(Maine Law), 중국에서 아편 수입 금지, 독극물 판매 제한' 같은 조치들은 특정 물품을 아예 구하지 못하게 하거나 손에 넣기 어렵게 만드는 방식으로 개인의 자유를 직접적으로 제한한다. 이러한 개입이 특히 민감하게 받아들여지는 이유는, 생산자나 판매자의 자유가 아닌 그것을 얻고자 하는 개인의 자유를 직접 침해하기 때문이다.

특히 독극물 판매의 사례는 단순한 예시 차원을 넘어, 이른바 '경찰권의 범위'라는 새로운 문제를 제기한다. 범죄나 사고를 미연에 방지하기 위해, 우리는 자유를 어디까지 제한할 수 있는가?

범죄를 사전에 방지하고, 범죄가 발생한 뒤에는 이를 밝혀내고 처벌하는 일은 정부의 당연한 역할로 널리 받아들여진다. 그러나 이 중에서도 '예방 기능'은 자유를 침해할 위험이 훨씬 더 크다. 왜냐하면 인간의 정당한 자유 행위 대부분은 '어떤 방식으로든 범죄에 악용될 가능성이 있다'는 해석 아래 제한될 수 있기 때문이다.

그렇다고 해서 공권력이나 개인이 범죄가 명백히 준비되는 상황을 보고도 손을 놓고 있어야 한다는 뜻은 아니다. 그런 경우에는 사전에 개입할 정당한 근거가 존재한다. 예컨대, 독극물이 오직 살인에만 쓰이는 물질이라면, 그 제조와 유통을 전면 금지하는 것은 정당하다고 할 수 있다.

하지만 대부분의 독극물은 정당한 목적, 더 나아가 유익한 목적에도 쓰일 수 있다. 따라서 일부 악용 사례만을 근거로 일반적인 유통을 제한하면, 결국 그 밖의 정당한 사용까지 함께 가로막게 된다. 사고를 예방하는 일은 공권력이 맡아야 할 당연한 책무이지만, 그 방식에는 신중함이 요구된다.

　예를 들어, 누군가가 위험하다고 판명된 다리를 건너려 하고, 사전에 경고할 틈조차 없다면, 공무원이든 시민이든 그 사람을 붙잡아 되돌리는 것은 자유 침해로 볼 수 없다. 자유란 결국 자신이 원하는 바를 실현하는 것이며, 그 사람은 강물에 빠지길 원하지 않았기 때문이다. 그러나 그 위험이 확실한 것이 아니라 단지 가능성에 불과하다면, 그 위험을 감수할지 말지는 오직 본인만이 판단할 수 있다. 그래서 아동이거나 정신이 혼미했거나, 또는 극도의 흥분이나 몰입 상태로 인해 이성적 판단이 어렵지 않은 이상 위험을 경고할 수는 있어도 억지로 막아서는 안 된다는 것이 나의 생각이다.

　이와 같은 논의는 독극물 판매처럼 민감한 사안에도 그대로 적용된다. 어떤 규제 방식이 자유의 원칙에 부합하고, 어떤 방식이 그 원칙을 벗어나는지를 판단하는 데 기준이 될 수 있기 때문이다.

　예컨대, 독성이 있는 물질에 위험성을 알리는 경고 문구를 의무적으로 부착하게 하는 조치는 자유를 침해한다고 보기 어렵다. 왜냐하면 구매자라면 자신이 손에 넣은 물질에 독성이 있다는 사실을 모른 채 사용하는 상황을 원할 리 없기 때문이다. 그러나 모든 경우에 의사의 처방을 요구한다면 이야기는 달라진다. 그렇게 되면 정당한 목적으로 그 물질을 구하려는 사람조차 접근이 어려워지거나, 불필요한 비용과 절차를 감수해야 하는 상황에 놓이게 된다.

범죄에 독성 물질이 사용되는 일을 막으면서도, 동시에 그 물질을 정당한 목적으로 필요로 하는 이들의 자유를 실질적으로 침해하지 않는 방법이 있다. 벤담(Jeremy Bentham, 공리주의의 창시자로, 법과 제도의 합리성을 강조한 영국의 철학자이자 법률학자—옮긴이)의 표현을 빌리자면, 그 방법은 바로 '사전 지정 증거(preappointed evidence, 어떤 행위나 거래가 실제로 있었고, 정당하게 이루어졌다는 것을 훗날 문제가 생겼을 때 입증할 수 있도록 미리 준비해두는 증거. 계약서에 서명하고 증인을 두는 것, 녹취를 남기는 것, 문서를 공증하는 것 등이 모두 사전 지정 증거에 해당함—옮긴이)'를 마련하는 것이다.

이 개념은 계약 사례를 예로 들면 쉽게 이해할 수 있다. 일반적으로 계약을 체결할 때, 나중에 법적 효력을 인정받기 위해서는 일정한 형식이 갖춰져야 한다. 서명이라든가, 증인의 입회 같은 절차들이 이에 해당한다. 이렇게 정해진 형식을 요구하는 이유는, 훗날 분쟁이 생겼을 때 실제로 계약이 존재했으며 법적으로 무효가 될 만한 사정이 없었다는 점을 입증할 수 있도록 하기 위해서다. 결과적으로 이러한 장치는 허위 계약이나 요건을 갖추지 못한 계약이 법적 효력을 인정받는 일을 사전에 차단하는 역할을 한다.

이런 식의 예방 조치는 범죄에 쓰일 수 있는 물건이 시중에 유통되는 상황에도 충분히 적용할 수 있다. 예컨대, 판매자는 거래 당시의 시각과 구매자의 이름, 주소, 판매한 품목과 수량을 빠짐없이 기록할 수 있고, 구매 목적에 대해서도 물어 그 답변까지 문서화할 수 있다. 의사 처방 없이 구매할 경우에는 제3자의 입회 하에 거래가 이루어지도록 조건을 설정할 수도 있다. 이렇게 해두면, 훗날 해당 물건이 범죄에 쓰였다는 의혹이 제기되더라도 구매자가 "아무것도 몰랐다"고 발뺌하기는 어려워진다. 이러한 장치는 정당한 목적을 가진 구매자에게는 큰 불편이 되지 않으면서도, 범죄 목적으로 몰래 물건을 쓰려는 사람에게는 강한 억제력을 발휘한다.

사회는 공동체에 해를 끼칠 범죄를 사전에 예방할 권리를 가진다. 이러한 상식적인 전제는, 겉으로 보기엔 개인적인 행위처럼 보여도 상황에 따라 때로는 사회적 간섭이 정당화될 수 있다는 사실을 분명히 보여준다.

예컨대, 평범한 음주 자체는 개인의 자유에 속하기에 법이

나설 일이 아니다. 하지만 술에 취해 남에게 폭력을 행사한 전력이 있는 사람의 경우에는 이야기가 달라진다. 그런 이에게는 개인적으로 적용되는 특별한 법적 제한이 정당화될 수 있다. 이후에 그가 다시 술에 취한 채 적발된다면 처벌을 받아야 하고, 그 상태에서 또 다시 범죄를 저질렀다면 처벌 수위도 당연히 더 무겁게 적용되어야 한다. 이미 남에게 해를 끼친 이가 다시 스스로 술에 취하는 행위는, 더는 사적인 문제가 아니다. 그것은 명백히 사회에 위협을 가하는 공적 행위이며, 따라서 사회적 제재가 정당화된다.

마찬가지로, 게으름 자체는 국가의 지원을 받는 사람이거나 계약을 위반한 것이 아닌 이상 법적으로 처벌할 수 있는 사안이 아니다. 그렇게까지 사적 영역까지 간섭하는 건 사회의 정당한 권한을 넘어서는 폭정에 가깝다. 그러나 게으름이든, 혹은 그 밖의 회피 가능한 사유이든 간에 개인이 타인에 대한 법적 의무를 저버릴 경우에는 이야기가 달라진다. 예컨대 부모가 자녀를 부양하지 않는다면, 그 행위는 더 이상 사적인 태도의 문제가 아니라 사회적 개입이 요구되는 사안이 된다. 이 경우 다른 현실적인 수단이 없다면 강제노동을 통해서라도 그 책임을 이행하게 하는 것이 정당하다.

국가가 해롭다고 판단한 일을
생계 수단으로 삼는다면?

    앞서 살펴본 자유의 원칙들과 충돌하지 않으면서도 반드시 짚고 넘어가야 할 또 중요한 질문이 하나 있다. 어떤 개인의 행위가 도덕적으로 비난받을 수 있다 해도, 그 행위로 인한 해악이 오롯이 본인에게만 돌아간다면 사회가 그 행위를 막거나 처벌해서는 안 된다. 그것이 바로 '자유에 대한 존중'의 본질이다.
    그렇다면 이러한 행위를 다른 사람이 부추기거나 조언하는 것도 자유로 인정할 수 있을까? 이 질문은 결코 단순하지 않다. 누군가에게 특정한 행동을 하라고 권유하거나 유도하는 순간, 그것은 더 이상 혼자만의 일이 아니다. 누군가에게 특정한 행동을 하라고 조언하거나 유인하는 순간, 그것은 사회적 행위가 되며, 타인에게 영향을 미치는 대부분의 사회적 행위처럼 사회적 통제를 받을 수 있다. 그러나 조금만 더 깊이 생각해보면, 이러한 통제의 당위성 역시 절대적인 것은 아님을 알 수 있다. 비록 이 사례가 비록 '개인의 자유(individual liberty)'라는 정의에 완전히 들어맞지는 않더라도, 그 자유를 지탱하는 핵심 논리는 여기에도 똑같이 적용된다.

어떤 일이 오직 자기 자신에게만 영향을 미친다면, 누구든지 스스로 옳다고 믿는 방식으로 행동할 자유가 있어야 하며, 그 결과 역시 스스로 책임지는 것이 마땅하다. 그렇다면 그런 문제에 대해 서로 의견을 나누고, 생각을 주고받고, 조언을 주거나 듣는 일 역시 당연히 자유의 일부로 보장되어야 한다.

다만 이 원칙에도 예외가 생기는 경우가 있다. 조언하는 사람이 그 행위 자체로 직접적인 이익을 얻고 있다면, 그때부터는 단순한 표현의 자유를 넘어 공익과 충돌할 수 있는 다른 차원의 문제가 된다. 예컨대, 사회나 국가가 해롭다고 판단한 일을 누군가가 생계의 수단으로 삼고, 그 확산에 앞장서며 이익을 얻고 있다면, 그건 단순한 조언을 넘어 공익을 정면으로 거스르기에 공익과 개인 이익이 충돌하는 구조가 만들어진다. 그렇게 되면 그때부터 판이 달라진다. 공익에 반하는 활동이 개인의 생계 기반이 되고, 그 기반 위에 삶이 구축되면서, 그 사람의 이해관계는 필연적으로 사회 전체의 이익과 구조적으로 충돌하게 된다.

그렇다면 이런 경우에 사회는 개입해야 할까, 아니면 자유의 원칙에 따라 방관해야 할까? 예를 들어, 간음이나 도박처럼 기본적으로 개인의 선택에 맡겨야 할 사적 행위들도 있다. 그렇다면 그런 행위를 직접 하는 것이 허용된다면, 이를 중개하거나 운영하면서 이익을 얻는 일까지도 똑같이 허용해야 할까? 예컨대 매춘을 중개하는 포주나 도박장 운영자가 그러한 범주에 포함될 수 있을까?

이 문제는 두 가지 원칙이 정확히 맞닿는 경계에 놓여 있다. 어느 쪽에 속한다고 단정 짓기 어려운 전형적인 회색지대다. 이 회색지대에서는 양쪽 주장 모두에 일리가 있다.

허용해야 한다는 쪽에서는 이렇게 말할 수 있다. "어떤 행위를 생계 수단으로 삼았다는 이유만으로 그 행위 자체가 더 큰 비난을 받아야 할 이유는 없다. 어떤 행위가 원칙적으로 허용될 수 있는 것이라면, 그것을 직업으로 삼았다고 해서 그 행위 자체를 돌연 범죄로 취급할 수는 없다. 그 행위가 정당하다면 일관되게 허용되어야 하고, 부당하다면 처음부터 일관되게 금지되어야 한다. 지금까지 우리가 옹호해온 자유의 원칙이 옳다면, 개인에게만 영향을 미치는 사안에 대해 사회가 사회라는 이름으로 그 옳고 그름을 단정할 권리는 없다. 사회가 할 수 있는 일은 그저 만류하거나 권유하는 정도에 그쳐야 하며, 누군가에게는 말릴 자유가 있는 만큼 다른 누군가에게는 권할 자유 역시 똑같이 보장되어야 한다."

이에 반대하는 쪽에서는 이렇게 말할 수 있다. "국가나 사회의 어떤 행위가 오직 개인에게만 영향을 미친다는 이유로 그 행위의 옳고 그름을 단정 지어 억제하거나 처벌할 권리는 없을지도 모른다. 그러나 그 행위가 해롭다고 여겨지는 한, 적어도 그것이 옳은지 그른지에 대해 논쟁의 여지가 있는 사안으로 간주할 수는 있다. 따라서 개인적 이익을 노리고 특정 행위를 부추기는 사람들, 즉 한쪽에 뚜렷한 이해관계를 지닌 이들, 그리고 국가가 해롭다고 판단한 행위를 생계 수단으로 삼는 이들의 영향력을 사회가 차단하려는 것은 충분히 정당화될 수 있다."

그들의 조언은 이미 공정성을 잃고 한쪽으로 기울어져 있으며, 그것은 더 이상 설득이 아니라 공익을 정면으로 거스르는 행위로 간주될 수 있다. 사람들이 어떤 선택을 하든(그것이 현명하든 어리석든 간에) 다른 이의 사적 이해관계에 휘둘리지 않고, 오직 자신의 판단에 따라 결정할 수 있도록 해야 한다. 그렇게 해야만 우리가 희생할 것도 없고, 어떤 선의도 희생되지 않는 가장 바람직한 방식을 실현할 수 있다.

예를 들어, 현행 불법 도박 관련 법률이 아무리 설득력 없고 옹호하기 어려운 것이라 해도, 누구든 자신의 집이나 지인의 집, 혹은 자발적 회비로 운영되는 폐쇄적인 회원 전용 공간에서 도박을 즐길 자유는 보장되어야 한다. 그러나 이와 달리 누구에게나 개방되어 있고 이윤을 목적으로 운영되는 공공 도박장은 허용되어서는 안 된다.

물론 이러한 금지가 완전히 효과를 발휘하는 경우는 거의 없다. 경찰에 아무리 강압적인 권한을 부여한다 해도, 도박장은 언제든 다른 이름을 내세워 운영될 수 있기 때문이다. 하지만 적어도 겉으로는 드러내놓고 영업하는 일만큼은 만들 수 있다. 겉으로는 드러내지 못한 채 찾는 사람만 겨우 알 수 있을 만큼 조심스럽게 숨어들게 만드는 것, 사회가 할 수 있는 일은 그 정도면 충분하다. 그 이상을 통제하려 드는 것은 결국 자유를 침해하는 과도한 개입이 될 뿐이다.

이러한 주장에는 분명 일리가 있다. 그러나 정작 주범은 그대로 둔 채 공범만 처벌하는 도덕적 불균형, 이를테면 간음한 당사자는 놔둔 채 포주에게만 벌금을 매기거나 감옥에 보내고,

도박한 사람은 놔둔 채 도박장 운영자만 처벌하는 방식이 과연 정당화될 수 있는지에 대해서는 나로서도 단언하기 어렵다.

　더구나 이런 논리를 들어 일반적인 사고팔기 같은 경제 활동마저 제한하려 드는 것은 더욱 부당하다. 거의 모든 재화는 과잉 소비될 수 있으며, 판매자는 종종 그런 과잉 소비에서 이익을 얻는다. 그러나 그렇다고 해서, 이를 근거로 예컨대 메인주의 금주법과 같은 법률을 정당화할 수는 없다. 술의 과도한 소비에 이해관계를 가진 주류 판매업자들이 존재하더라도, 술을 절제하며 소비하려는 이들에게는 그들이 여전히 필요한 존재이기 때문이다. 물론 주류 판매업자가 과도한 음주를 부추길 수 있다는 점은 결코 간과할 수 없는 실제적 해악이다. 이러한 이유로, 국가는 평소라면 자유 침해로 간주될 만한 조치일지라도 일정 부분 제한을 두고 책임을 요구할 수 있는 정당성을 갖게 되는 것이다.

국가가 자극적인 물질을
특별 과세 대상으로 삼는 일

　여기서 또 하나의 질문이 제기된다. 국가가 어떤 행위를 법적으로 허용하면서도, 그것이 당사자에게 해롭다고 판단할 경우, 간접적인 방식으로 그 행위를 억제하려 해도 되는가? 예컨대, 음주가 개인에게 해롭다고 본다면, 술값을 인위적으로 올리거나 판매처를 줄여 구하기 어렵게 만드는 식의 조치를 국가가 취해도 되는 것일까?

　이처럼 현실의 문제에서는 단순히 '허용할 것인가, 금지할 것인가'라는 이분법을 넘어 더욱 섬세하고 정교한 판단이 필요하다. 술이나 자극적인 물질에 세금을 매겨 일부러 접근을 어렵게 하려는 발상은 사실상 전면 금지와 크게 다르지 않다. 그저 수위를 낮춘 완화된 형태일 뿐, 규제의 방향 자체는 동일하다. 가격을 올리는 것은 결국 형편이 넉넉지 않은 사람들에게는 사실상 금지 조치나 마찬가지이고, 반대로 경제적 여유가 있는 사람들에게는 단지 취향을 좇았다는 이유로 벌금을 부과하는 셈이 된다.

사람이 어떤 즐거움을 선택할지, 그리고 법과 도덕의 테두리 안에서 정당하게 번 돈을 어디에 쓸지는 철저히 개인의 자유이자 책임이다. 그 판단을 누구도 대신할 수 없다.

자극적인 물질을 세수 확보를 위한 특별 과세 대상으로 삼는 일은, 처음엔 자유에 대한 부당한 간섭으로 느껴질 수도 있다. 그러나 국가가 재정을 유지하기 위해 일정 수준의 세금을 걷어야 한다는 사실 자체는 부인할 수 없다.

국가 재정을 유지하려면 과세는 필수적이며, 대부분의 나라에서는 그중 상당 부분을 간접세에 의존할 수밖에 없다. 이로 인해 일부 소비재에는 사실상 금지에 가까운 경제적 부담이 따르게 되고, 그렇기에 국가는 세금을 부과할 때 '세금이 붙더라도 일상적인 생계나 기본적인 생활에 큰 지장을 주지 않는 품목'을 우선 선택해야 한다. 나아가 일정 수준 이상 소비될 경우 분명한 해악이 따른다고 판단되는 물품이라면, 먼저 과세 대상에 포함시키는 것이 마땅하다. 이런 맥락에서 보자면, 자극물에 세금을 부과하되 세수를 최대한 확보할 수 있는 수준까지 조정하는 일은 단순히 허용될 수 있는 정도가 아니라 실제로 국가 재정이 필요하다면 오히려 바람직한 조치라 할 수 있다.

한편 이러한 물품의 판매를 국가가 일정 부분 독점적인 특권으로 제한할 것인가에 대한 문제는, 그 제한이 어떤 목적을 위해 존재하는가에 따라 달리 판단되어야 한다. 모든 공공장소에는 어느 정도의 치안 유지가 필요하지만, 자극물과 관련된 장소는 그 특성상 더욱 그렇다. 사회적 해악이 발생할 가능성이 가장 큰 곳이 바로 이런 장소들이기 때문이다. 따라서 적어도 술처럼 그 자리에서 바로 마시는 품목은 믿을 수 있는 사람에게만 판매를 맡기는 게 바람직하다(최소한 매장에서 바로 소비되는 경우에는 그렇다).

또한 공공의 시선이 닿을 수 있도록 영업시간도 적절히 제한할 필요가 있다. 그리고 만약 해당 공간이 운영자의 방조나 무관심 속에 자꾸 소란이 벌어지거나 불법 행위를 도모하는 사람들의 모임터가 된다면, 그 경우에는 판매 허가를 취소하는 것이 마땅하다.

그러나 그 이상의 제한은 원칙적으로 정당화되기 어렵다. 예컨대, 맥주나 증류주를 파는 점포 수를 의도적으로 줄여 술을 쉽게 사지 못하게 만들고 이로써 충동적인 소비를 줄이려는 조치는, 일부 사람들이 그 자유를 남용할 수 있다는 이유 하나만으로 모든 시민에게 불편을 강요하는 셈이다.

무엇보다 이런 방식은 노동 계층을 '아직 자유를 누릴 준비가 되지 않은 존재'로 여기는 발상에서 비롯된 것이다. 이는 마치 그들을 아이들이나 분별력 없는 사람들처럼 여기고, 억제를 통해 훈육하고, '언젠가 자유를 누릴 자격을 갖추게 해야 한다'는 사고방식을 전제로 한다.

그러나 어느 자유 국가든, 노동 계층을 그런 방식으로 다스리고 있다고 대놓고 말하진 않는다. 그리고 자유의 가치를 진정으로 이해하는 사람이라면, 그들을 자율적인 시민으로 대우하기 위해 할 수 있는 모든 노력을 다 해보기 전에는, 그리고 정말로 다른 대안이 없다는 것이 분명해지기 전에는 그들을 억제를 통해 다스리는 방식에 쉽게 동의해서는 안 될 것이다.

사실 그 대안들을 곰곰이 따져보는 것만으로도 그런 노력이 실제로 이루어졌다고 가정하는 일이 얼마나 비현실적인지 분명해진다. 이러한 모순이 생겨나는 이유는 이 나라의 제도 자체가 서로 충돌하는 원칙들 위에 세워져 있기 때문이다. 한편으로는 전제적이거나 이른바 '가부장적' 통치 체계에서나 가능할 법한 방식이 여전히 관행 속에 남아 있는 반면, 다른 한편으로는 제도 전반이 자유주의적 원리를 지향하고 있어 '도덕적 훈육'이라는 명분 아래 행해지는 억제 조치가 실제로 효과를 발휘하기에는 정작 그에 필요한 통제력조차 제대로 작동하지 않는 구조인 것이다.

자유롭게 내버려둬야 할까, 아니면 도와야 할까?

앞서 살핀 바와 같이, 어떤 일이 오직 개인 자신에게만 영향을 미친다면, 그는 그 일에 대해 스스로 자유롭게 선택할 권리를 가진다. 반면 그 일이 여러 사람에게 공동으로 관련된 것이라면, 당사자들끼리 자율적으로 합의해 규칙을 정할 자유 역시 당연히 보장되어야 한다.

모든 당사자의 뜻이 처음과 같을 때는 문제가 생기지 않는다. 하지만 사람의 의지는 언제든 변할 수 있기에, 아무리 자기들끼리만 영향을 주고받는 일이라 해도 서로 명확한 약속을 맺고 그에 따라 행동할 필요가 종종 생긴다. 그리고 일단 그런 약속이 이루어졌다면, 그 약속은 지켜져야 한다는 데 대체로 이견이 없다.

그러나 대부분의 국가에서는 이 일반 원칙에 예외를 인정할 수밖에 없다. 제3자의 권리를 침해하는 약속은 물론이고, 때로는 그 약속이 당사자 본인에게 명백히 해롭다고 판단될 경우에도 법은 그 구속력을 인정하지 않는다.

예컨대, 영국을 포함한 대부분의 문명국에서는 어떤 사람이 자신을 노예로 팔거나 팔리도록 허락하는 계약을 맺더라도, 그 계약은 무효로 간주한다. 법적으로도 강제되지 않으며, 사회적 인식 면에서도 이러한 계약은 용납되지 않는다. 이처럼 개인이 자신의 삶을 스스로 결정할 자유에 왜 일정한 한계를 두어야 하는지를 설명하는 가장 극단적인 사례는 바로 이런 경우다.

'타인의 권익에 직접적인 해를 끼치지 않는 한, 개인의 자발적인 선택에 간섭해서는 안 된다'는 원칙은 개인의 자유를 최대한 존중하려는 철학에서 비롯된다. 사람이 스스로 선택했다는 사실은, 적어도 그 선택이 당시의 자신에게는 감당할 수 있거나 바람직하다고 여겨졌음을 의미한다. 궁극적으로는 각자가 자신의 방식대로 선(善)과 행복을 추구할 수 있을 때 자유는 가장 잘 실현된다.

그러나 자신을 노예로 파는 선택은 이 원칙과 정면으로 충돌한다. 그것은 자유를 포기하는 단 한 번의 선택으로, 이후 그 어떤 자유도 스스로 누릴 수 없는 삶을 스스로 받아들이는 것이기 때문이다. 그렇게 되면 '개인이 자신의 선(善)을 추구할 수 있어야 자유가 정당화된다'는 이 원칙 자체가 그 삶의 내부에서부터 무너져버리게 된다.

한 번 자유를 포기하면, 더는 자유로운 상태라 할 수 없다. 그리고 그 이후에는 '그 자리에 머무는 것이 자발적 선택이었다'는 점에서 비롯되는 정당성조차 사라진다. 자유란 그것을 계속 누릴 수 있어야만 비로소 진정한 의미를 갖는다. 한 번의 선택으로 그 자유를 영원히 포기하는 일까지 '자유'의 이름으로 허용해야 한다는 주장에는 어떠한 설득력도 없다.

자유를 포기할 수 있게 허용하는 자유는, 결코 진정한 자유라 할 수 없다. 이처럼 극단적인 사례에서는 이 논리의 설득력이 분명하게 드러난다. 하지만 그 타당성은 결코 이 한 가지 경우에만 국한되지 않는다. 실제로 이 원칙은 훨씬 더 넓은 맥락에서도 타당성을 가진다. 물론 현실의 삶은 언제나 일정한 제약을 수반하기 마련이다. 자유를 통째로 내던지지는 않더라도, 삶은 끊임없이 우리에게 요구한다. 때로는 그 자유의 일부를 기꺼이 내어놓고 살아가라고.

다만 '오직 당사자들만 관련된 일이라면 그 행위의 자유는 온전히 보장되어야 한다'는 원칙은 그들 사이의 약속 역시 예외가 아님을 뜻한다. 즉 제3자에게 영향을 주지 않는 사안이라면, 당사자끼리 서로 그 약속을 자발적으로 풀 수 있어야 한다. 그리고 그러한 자발적 해제가 없더라도, 금전이나 그에 따른 재산상의 계약이 아닌 이상 어떤 약속이든 철회할 자유조차 허용되지 않아야 한다고 단정하긴 어렵다.

이 경우 논점은 자유의 원칙 자체가 아니다. 쟁점은 '간섭이 정당한가'가 아니라, '도움이 필요한가'라는 실질적 필요에 있다. 즉 정부가 개입해야 하는가, 아니면 개인이 혼자서 혹은 자발적인 결사체를 통해 해결하도록 그대로 두어야 하는가, 질문은 바로 여기에 있다.

정부가 개입해서는 안 되는
세 가지 이유

정부의 개입이 개인의 자유를 직접 침해하는 것이 아니라 하더라도, 여전히 반대할 수 있는 이유는 세 가지로 나뉜다.

첫 번째 이유는 단순하다. 어떤 일이 정부보다 개인에게 맡겨졌을 때 더 나은 결과를 기대할 수 있는 일이라면, 굳이 정부가 나설 필요는 없다. 대체로 그 일을 가장 잘 수행할 수 있는 사람은 대개 그 일에 직접 이해관계를 지닌 당사자이다.

이 첫 번째 원칙은 한때 관행처럼 이루어졌던 정부나 입법부의 개입이 왜 반복적으로 실패할 수밖에 없었는지를 분명히 보여준다. 물론 이 문제는 정치경제학자들에 의해 이미 충분히 논의된 바 있으며, 이 글에서 중심적으로 다루는 '자유의 원칙'과는 직접적인 관련은 없다.

두 번째 이유는 이 글의 주제와 훨씬 더 밀접하게 관련된다. 어떤 일은 평균적으로 정부가 개인보다 더 능숙하게 처리할 수도 있다. 그러나 그럼에도 불구하고 그 일을 개인에게 맡기는 것이 더 바람직한 이유는, 시민이 스스로 사고하고 판단하며 직접 시행착오를 겪으며 배울 수 있는 기회를 제공하기 때문이다. 이러한 경험은 능동성과 판단력, 그리고 다루는 문제에 대한 실제적인 이해력을 키우는 가장 효과적인 방식이다.

이러한 맥락에서 배심재판 제도(정치적 사건은 제외), 자유롭고 대중적인 지방자치제, 자발적 협동에 기반한 산업 및 공익사업의 운영은 특히 높이 평가된다. 이 주제들은 자유 자체와는 직접적인 관련이 없다. 설령 관련이 있다 해도, 그 연관성은 지극히 간접적이다. 하지만 분명한 것은 이 논의가 결국 '자유'가 아니라 '성장'의 문제라는 점이다.

이 문제들을 국민 교육의 일부로서 본격적으로 논하는 일은 이 글의 범위를 벗어나지만, 그것은 시민으로서 꼭 거쳐야 할 훈련이자, 자유로운 사회를 구성하는 민주시민에게 요구되는 실천적 정치 교육의 핵심이기도 하다. 개인을 협소한 사적 이익이나 가족 중심의 사고방식에서 끌어내어, 공동의 이익을 이해하고 함께 다루는 경험을 통해 공적 혹은 준공적 동기로 행동하는 데 익숙해지도록 만드는 일이 무엇보다 중요하다. 궁극적으로 중요한 것은 서로를 분리하고 고립시키는 것이 아니라, '함께 연결되고 협력할 수 있도록 돕는 목적을 중심에 두는 법'을 배우는 일이다. 이런 습관과 역량 없이는, 자유로운 헌정 체제를 유지하거나 제대로 작동시키는 일은 사실상 불가능에 가깝다.

 지역 자치의 기반 없이 얻은 정치적 자유가 얼마나 쉽게 무너지는지는, 그러한 자유가 오래 지속되지 못한 수많은 국가의 사례만 봐도 충분히 알 수 있다. 지역의 문제는 그 지역이 스스로 책임지고, 산업의 대규모 과업은 자발적으로 자금을 모은 이들이 함께 운영하는 것이 훨씬 바람직하다. 이는 이 글 전반에서 강조해온 '개인의 주체적 성장'과 '행동 방식의 다양성'이 지니는 가치와도 깊이 맞닿아 있다.

 정부가 주도하는 일은 대개 어디에서나 비슷한 방식으로 이루어지기 쉽다. 반면 개인이나 자발적 결사체가 주체가 될 경우, 훨씬 다양한 실험이 가능하고, 그만큼 경험의 폭과 깊이도 훨씬 풍부해진다. 국가가 맡아야 할 본연의 역할은 이처럼 곳곳에서 벌어진 다양한 실험에서 축적된 경험을 수집하고, 이를 효과적으로 확산시켜 사회 전체에 순환되도록 돕는 데 있다. 자신의 시도만을 허용하고 나머지는 배제하는 것이 아니라, 각자의 실험이 서로에게 배움이 되도록 길을 잇고 흐름을 여는 일, 바로 그것이야말로 국가가 감당해야 할 진정한 책무다.

세 번째 이유야말로 가장 결정적이다. 정부의 권한에 불필요한 힘을 보태는 일 자체가 하나의 위험이다.

정부의 기능이 하나씩 늘어날 때마다, 사람들의 희망과 두려움은 점점 더 정부의 영향력 아래 종속된다. 그리고 결국 사회에서 가장 활기차고 야망 있는 이들마저 정부에 줄을 서거나, 정권을 차지하려는 정당의 주변을 맴도는 존재로 전락한다.

만약 도로와 철도, 은행과 보험, 대형 주식회사와 대학, 자선 기관들까지 모두 정부 산하에 놓인다면, 그리고 지금은 지방자치단체나 지역 위원회가 맡고 있는 일들마저 중앙정부 부서에 흡수되어 그 모든 조직의 직원들이 정부의 의해 임명되고 정부로부터 급여를 받으며 삶의 모든 상승 경로를 정부에 기대게 된다면, 그때는 언론의 자유가 보장되어 있고 입법부가 아무리 대중의 의사를 반영하는 구조라 하더라도 실질적으로는 자유로운 국가라고 할 수 없다. 그 자유는 이름뿐인 껍데기에 지나지 않는다. 행정 체계가 정교하고 과학적으로 잘 갖춰질수록, 그리고 이를 운영할 인재를 더 엄격하고 효율적으로 선발할수록, 문제는 오히려 더 본질적으로 심각해질 수 있다.

모든 일이 관료를 거쳐야만 하는
나라가 되어서는 안 된다

 최근 영국에서는 정부 공무원을 공개경쟁시험으로 선발하자는 제안이 나왔다. 취지는 분명하다. 가장 총명하고 잘 교육받은 인재들을 공직에 적극적으로 기용하자는 뜻이었다.
 이 제안을 두고 사회 전반에서 찬반의 목소리가 팽팽히 맞섰다. 이 제안에 반대하는 쪽이 자주 내세우는 주장 중 하나는 이렇다. 정부 상근직은 보수나 사회적 위상이 충분하지 않아 유능한 인재들에게는 매력적인 선택지가 되지 못한다는 것이다. 역량 있는 인재들은 언제나 전문직, 대기업, 혹은 다양한 공공기관쪽으로 더 나은 기회와 대우를 찾아 떠난다는 논리다.
 이 주장이 그 제안을 지지하는 쪽에서 나왔다면, 오히려 설득력을 더하는 반박으로 기능했을 것이다. 그런데 정작 이런 말을 꺼낸 쪽이 반대 진영이라는 점은 꽤 흥미롭고 아이러니하다. 그들이 문제 삼는 바로 그 지점이야말로, 사실상 이 제안을 위험으로부터 지켜주는 가장 강력한 안전장치이기 때문이다. 실제로 한 국가의 모든 뛰어난 인재들이 정부 조직 안으로 몰려든다면, 그런 흐름을 부추기는 제안이 불안하게 느껴지는 것은 오히려 자연스러운 일이다.

사회에서 조직적 협력과 넓은 시야가 요구되는 거의 모든 일이 정부의 손에 맡겨지고, 그 정부 조직이 하나같이 유능한 인재들로만 채워진다고 가정해보자. 그 순간부터 순수 학문 분야를 제외한 거의 모든 실천적 지식과 고등 교육의 성과는 거대한 관료 집단 안에 집중될 것이다. 그리고 국민 대다수는 삶의 방향과 판단을 그들에게 의존하게 되고, 대중은 무엇을 어떻게 해야 할지 지시받기를 기다리게 된다. 능력 있는 이들과 야망을 품은 이들 역시 출세와 성취의 통로를 오직 그 체계 안에서만 찾게 될 것이다. 결국 그 조직에 들어가는 일, 그리고 그 안에서 올라서는 일이 사회 전체의 야망이자 유일한 목표가 되어버린다.

이런 체제에서는 관료 조직을 감시하거나 비판하는 일조차 시민의 손을 떠나버린다. 실무 경험이 없는 대중은 그 복잡한 권력 구조를 제대로 이해하지도, 통제하지도 못한다. 설령 우연한 정치적 변동이나 민의의 흐름을 타고 개혁 의지를 지닌 통치자가 등장한다 해도, 그 개혁이 관료 집단의 이익을 거스르는 순간, 아무리 강한 의지를 가져도 현실의 변화로 이어지지 못한다.

러시아 제국이 처한 암울한 현실은, 그 실상을 직접 마주한 이들의 기록을 통해 여실히 드러난다. 차르(Czar, 러시아 제국의 절대 군주로 전제 권력의 상징이었던 존재—옮긴이)는 관료 조직 앞에서도 무기력하다. 차르는 자신이 원하면 누구든 시베리아로 유배 보낼 수는 있지만, 관료들의 협조 없이는 국정 운영도, 그들의 의사를 거스르는 통치도 불가능하다. 차르가 어떤 칙령을 내리든, 관료들은 그저 실행을 미루는 것만으로도 사실상의 거부권을 행사할 수 있다.

한편 문명이 더욱 발달하고 민중의 저항 정신이 강한 국가에서는 사정이 또 다르게 전개된다. 국가가 모든 것을 해결해주는 데 익숙해진 시민들은 스스로 무언가를 시도하기에 앞서 국가의 허락과 세세한 지침부터 기다린다. 그러니 삶에 어떤 불행이 닥치면, 그 원인이 어디에 있든 시민들은 우선 국가를 탓한다. 그리고 그 불만이 임계점을 넘는 순간, 민중은 들불처럼 일어나 '혁명(revolution)'이라는 이름의 격변을 일으킨다.

그러나 그 이후의 전개는 놀랍도록 익숙한 방식으로 반복된다. 민중의 정당한 위임이 있었든 없었든 누군가가 권좌에 올라서고, 관료 조직에 명령을 내리기 시작한다. 하지만 실질적으로 바뀌는 것은 거의 없으며, 관료 조직은 그대로 유지된다. 그 체제를 바꿀 능력이나 권한이 그에게는 없기 때문이다.

이와 달리, 스스로 삶의 일을 책임져온 국민들 사이에서는 전혀 다른 장면이 펼쳐진다. 프랑스를 예로 들면, 국민 대다수가 군 복무를 경험했고, 그중 적지 않은 이들이 하사관 이상의 지위에서 실무를 익혔다. 그래서 민중 봉기가 일어나면 늘 현장에서 지휘를 맡을 만한 사람들이 나타나고, 그 자리에서 나름의 작전과 대응 체계를 세워 움직일 수 있다.

프랑스가 군사 분야에서 그러하다면, 미국은 일상의 시민사회에서 그 힘을 보여준다. 설령 정부가 자취를 감춘다 해도, 미국인들은 당황하지 않는다. 어디에서든 임시 정부를 꾸려낼 줄 알고, 공공사무든 공동의 문제든 지혜와 질서, 실행력으로 풀어낼 줄 안다.

진정으로 자유로운 국민이라면 이런 역량을 갖춰야 한다. 이런 역량을 지닌 국민은 결코 자유를 빼앗기지 않는다. 누가 중앙 권력을 움켜쥔다 해도, 그 힘 앞에 무릎 꿇지 않는다. 어떤 개인도, 어떤 집단도, 이들의 뜻을 꺾을 수 없다. 관료 조직이라 해서 예외는 아니다. 국민이 원하지 않는 일이라면, 그 누구도 그것을 강제로 밀어붙일 수 없다.

반면 모든 일이 관료의 손을 거쳐야만 굴러가는 국가에서는, 그 조직이 반대하는 일은 애초에 시도조차 되지 않는다. 이런 국가의 헌정 체계는 국민 전체의 경험과 역량을 하나의 훈련된 집단으로 흡수하고, 그 집단이 나머지 국민을 통치하게끔 만든 구조에 불과하다. 그 체제가 정교하면 정교할수록, 다시 말해 사회 각 계층에서 가장 유능한 이들을 끌어들여 자신들의 틀 안에서 길러낼수록 그 사회 전체는 점점 더 깊숙이 조직에 종속되고, 결국 스스로 판단하고 움직이는 힘을 잃어간다.

관료 조직 내부에 있는 이들조차도 예외는 아니다. 지배자라 해도 자신이 속한 체계와 규율의 틀에서 자유롭지 못하며, 피지배자와 다를 바 없이 그 권력 구조에 얽매인다. 예컨대, 중국의 관리도 가장 낮은 계층의 농민과 마찬가지로 전제 권력의 도구에 불과했으며, 예수회라는 조직도—비록 구성원 전체의 권력을 극대화하기 위해 존재한다고 하더라도— 그 안에 속한 개인은 철저히 조직에 매인 채 살아간다.

행정의 능률을 높이겠다는 이유로
자유를 내쫓아서는 안 된다

한 가지 분명히 짚고 넘어가야 할 점이 있다. 한 사회의 핵심 인재들이 모두 통치 집단에 흡수되는 구조는, 오히려 그 집단 내부의 지적 활력과 진취성을 서서히 말라가게 만든다.

서로 긴밀히 연결된 채 고정된 규칙에 따라 움직일 수밖에 없는 체계를 운영하다 보면, 관료 조직은 어느새 굳어진 관행에 안주하거나, 반대로 그 틀을 벗어나려다 일부 개인의 취향이나 단편적인 발상에 휘둘리기 쉽다. 그 결과, 충분히 검토되지 않은 조치를 밀어붙이게 된다. 겉으로 보기엔 전혀 다른 문제처럼 보이지만, 사실 이 두 병폐는 같은 뿌리에서 나온다. 그리고 이처럼 상반되어 보이는 두 병폐를 견제할 수 있는 힘은 극히 제한적이다.

실제로 이를 막아낼 수 있는 거의 유일한 수단은 조직 외부에서 가해지는 날카로운 비판의 시선이다. 이 시선은 내부와 맞설 수 있을 만큼의 동등한 수준의 지성과 능력을 지니고 있어야 한다. 바로 그런 외부의 존재만이 관료 조직이 무기력에 빠지지 않도록 긴장감을 불어넣을 수 있다.

그래서 반드시 필요한 것이 있다. 정부 바깥에도 그런 역량을 기르고 단련할 수 있는 토대가 있어야 한다는 점이다. 실제 사회를 움직이는 큰 사안을 제대로 판단하려면, 그에 걸맞은 기회와 실천적 경험을 쌓을 수 있는 장이 함께 마련되어야 한다.

만약 우리 사회가 유능하고 능동적인 관료 집단을 지속적으로 오래 유지하길 바란다면—무엇보다도, 변화의 필요를 스스로 인식하고, 그 개혁을 주도할 수 있는 집단을 원한다면—, 그 역량을 기르는 모든 일터를 관료 조직 하나가 독식하게 두면 안 된다. 그렇지 않으면 그 조직은 결국 자기 복제에만 몰두하는 '학자적 독재(pedantocracy)'로 퇴행하게 될 것이다.

인간의 자유와 진보를 갉아먹는 이 거대한 폐해는 어디서부터 시작되는가? 정확히 말하자면, 사회 전체의 복지를 위해 중앙 권력이 힘을 모을 때 얻는 이점보다 그 권력 집중이 초래하는 폐해가 앞서기 시작하는 임계점은 어디인가?

그 경계를 판단하는 일은 결코 단순하지 않다. 중앙집중적 권력과 집단 지성이 주는 이점을 최대한 살리면서도 사회 전체의 활력을 지나치게 국가 체계 안으로 끌어들이지 않는 것, 이 미묘한 균형을 어떻게 유지할 것인가는 '통치'라는 예술이 직면한 가장 어렵고도 복잡한 과제 중 하나다.

결국 이 문제는 추상적 원칙이 아닌 매우 구체적이고 다면적인 현실의 문제다. 여러 복잡한 요소를 동시에 고려해야 하며, 일률적인 기준을 세우기도 어렵다.

그럼에도 나는 이렇게 믿는다. 이 난제를 풀어가는 데 있어 우리가 지향해야 할 이상, 그리고 어떤 제도든 그 타당성을 가늠할 수 있는 실질적 기준은 분명 존재한다. 그 원칙은 이렇다. "효율성을 해치지 않는 선에서 권한은 최대한 널리 분산시키되, 정보는 중앙에 집중시켜야 한다. 그리고 그 정보는 그 중심에서 체계적으로 사회 전체에 도달되어야 한다."

모든 행정 분야에는 각 지역에 정보를 제공하고 방향을 제시할 수 있는 중앙 조직이 반드시 필요하다. 개인의 자율성과 잠재력을 억누르지 않는 한, 정부의 활동은 많을수록 좋다. 사람들을 돕고 북돋는 일이라면, 국가가 주저할 이유는 없다. 하지만 위험은 바로 거기서 시작된다.

정부가 개인이나 공동체의 힘을 이끌어내는 대신 스스로 그 자리를 차지하려 들 때, 알려주고 조언하고 경고하는 것을 넘어 그들의 손발을 묶고 결국엔 "비켜서라(stand aside)"라고 명령하는 순간 정부는 '돕는 손'이 아니라 '모든 것을 가로채는 손'이 된다. 결국 그때부터 자유는 작동을 멈춘다.

국가의 진정한 가치는 결국 구성원 한 사람 한 사람의 깊이와 품격에서 비롯된다. 그럼에도 어떤 국가는 행정의 능률을 조금 더 높이겠다는 이유로, 혹은 단지 반복된 관행에서 비롯된 익숙한 외형을 '행정의 미덕'이라 착각하며, 그보다 훨씬 본질적인 시민의 정신적 성숙과 인간다운 존엄을 뒷전으로 밀어버린다. 심지어 통제를 더 쉽게 하겠다는 이유로 인간을 스스로 왜소하게 만들기까지 한다.

그 결과는 분명하다. 지적·도덕적·인격적으로 왜소해진 사람들로는 결코 위대한 일을 이룰 수 없다. 국가는 어쩌면 무결한 기계처럼 작동하는 행정 장치를 만들어냈을지 모른다. 그러나 그 기계를 움직일 유일한 동력인 '생명력'은 스스로 내쫓아 버렸다. 기계처럼 매끄러운 통치를 위해 내쫓긴 바로 그 생명력 없이는 어떤 체제도, 어떤 국정도 결코 한 걸음도 앞으로 나아갈 수 없다.

■ **독자 여러분의 소중한 원고를 기다립니다**

메이트북스는 독자 여러분의 소중한 원고를 기다리고 있습니다. 집필을 끝냈거나 집필중인 원고가 있으신 분은 khg0109@hanmail.net으로 원고의 간단한 기획의도와 개요, 연락처 등과 함께 보내주시면 최대한 빨리 검토한 후에 연락드리겠습니다. 머뭇거리지 마시고 언제라도 메이트북스의 문을 두드리시면 반갑게 맞이하겠습니다.

■ **메이트북스 SNS는 보물창고입니다**

메이트북스 홈페이지 matebooks.co.kr

홈페이지에 회원가입을 하시면 신속한 도서정보 및 출간도서에는 없는 미공개 원고를 보실 수 있습니다.

메이트북스 유튜브 bit.ly/2qXrcUb

활발하게 업로드되는 저자의 인터뷰, 책 소개 동영상을 통해 책에서는 접할 수 없었던 입체적인 정보들을 경험하실 수 있습니다.

메이트북스 블로그 blog.naver.com/1n1media

1분 전문가 칼럼, 화제의 책, 화제의 동영상 등 독자 여러분을 위해 다양한 콘텐츠를 매일 올리고 있습니다.

STEP 1. 네이버 검색창 옆의 카메라 모양 아이콘을 누르세요.   STEP 2. 스마트렌즈를 통해 각 QR코드를 스캔하시면 됩니다.
STEP 3. 팝업창을 누르시면 메이트북스의 SNS가 나옵니다.